Fénix Tranquilo

Prasenjeet Kumar

Published by Publish With Prasen, 2019.

While every precaution has been taken in the preparation of this book, the publisher assumes no responsibility for errors or omissions, or for damages resulting from the use of the information contained herein.

FÉNIX TRANQUILO

First edition. January 2, 2019.

Copyright © 2019 Prasenjeet Kumar.

Written by Prasenjeet Kumar.

Tabla de Contenidos

Déjame Contarte Una Historia...

ÉSTA HISTORIA ES DE un ave.

Ella no es un ave ordinaria.

Como la leyenda dice, ésta ave era un espíritu de fuego con un plumaje colorido y una cola de oro.

Vivió una vida de cinco o seis siglos.

Esto no fue lo único inusual acerca de ésta ave.

Después del cercano final de su ciclo de vida, construiría un nido de ramitas y acto seguido se inmolaría volviéndose cenizas.

Sin embargo, este no fue el final del ave.

De las cenizas, su retoño podría levantarse para empezar un nuevo ciclo de vida.

Ésta ave llegó a ser emblema de inmortalidad, de idealismo renacido o esperanza.

Llegó a estar asociada con una persona o cosa que ha sido restaurada después de sufrir calamidades o aparente aniquilación.

El ave fue llamada **Fénix**.

Ahora Déjame Contarte Otra Historia...

LA HISTORIA ES ACERCA de un joven, idealista, aprendiz de abogado corporativo con los ojos bien abiertos.

Vamos a llamarlo PK.

Un día, PK fue asignado por la oficina de Recursos Humanos de la firma para asistir a un Alto Asociado, quien se hacía llamar "Sr. Tarde Adictoalanoche".

Un tipo delgado, parcialmente calvo de altura media con gafas de montura y una pequeña panza. El Sr. Tarde Adictoalanoche en sus previos periodos con otras firmas había elegido un arreglo acotado y limpio.

Éste era que si pretendías ante tus jefes que estabas haciendo más horas que tus compañeros, era probable que fueras bien recibido.

Esto significó que el Sr. Tarde Adictoalanoche estaría en la oficina por largas horas, incluso cuando NO había trabajo.

No sólo eso, para demostrar que él era importante, haría que sus asistentes se quedaran en la noche a pesar de su carga de trabajo. Cuando estaba en un estado de ánimo generoso, permitía a sus subordinados dejar la oficina temprano, lo cual significaba que debían irse después de las 7 pm.

El Sr. Tarde Adictoalanoche solía afirmar que éste era el principio no explícito por el cual la mayoría de los corporativos operaban.

— ¿No has escuchado la frase que dice "ir más allá"?, — preguntaba. — Para un alto asociado ocupado, simplemente significa el número de horas que estás haciendo, MÁS ALLÁ de las horas normales de oficina; — explicaba cuando estaba en un estado de ánimo efusivo.

—Nadie lo dice pero esto es como hacerse "notar" a largo plazo, — aseguraba. —Además, todos tus bonos y promociones dependen de las horas que hayas pasado en la oficina.

El Sr. Tarde Adictoalanoche era el centro del chisme de oficina, lo cual él reconocía y disfrutaba.

Sorprendentemente, aunque permanecía hasta tarde, constantemente se hacia el tonto.

Las fechas límite se perdían lo cual hacia enfurecer a los clientes. Una vez se enviaron documentos equivocados, lo que causó una vergüenza mayor. Pero el Sr. Tarde Adictoalanoche era incorregible. Continuaba imponiendo falsas fechas límite.

Solía gritar: "¡lobo!" y hacer creer que algo era absolutamente urgente mientras que el asunto estaba más que muerto o ya no era importante.

Con PK, era la misma rutina.

Mantenía a PK sin trabajo hasta las 6:30 de la tarde, y cuando era hora de cerrar y dar por terminado el día laboral, repentinamente venía con alguna asignación haciéndola parecer absolutamente urgente.

PK trataba de negociar con él en cuanto a trabajar desde casa, pero era en vano. De hecho, esto molestaba tanto al Sr. Tarde Adictoalanoche que amenazaba con arruinar la evaluación de PK.

Algunos de los colegas de PK le aconsejaron que tomara esto con toda calma, pues era una inevitable parte de los ritos de avance que todo asociado junior tenía que pasar.

Otros le aconsejaron que se reuniera con el Gerente en persona y le explicara.

Pero el Gerente parecía estar muy ocupado y no tenía tiempo para reunirse con nadie.

PK se sentía en sí, un poco incómodo para hablar con el Gerente cara a cara, especialmente cuando sabía que incluso si tuviese la oportunidad de hablar, tendría menos de 20 segundos para explicar sus problemas. PK comprendió que en tan corto tiempo podría dar la impresión de ser alguien que innecesariamente se queja y que también está en contra de sus superiores.

Así que el Sr. Tarde Adictoalanoche continuó siendo abusivo y PK no es exactamente la persona más vocal, así que solamente lo acumuló.

Hasta que llegó el día en que PK no pudo contenerlo más.

PK regresó a casa tarde en la noche, afligido y deprimido, y decidido a hablar con su padre sobre la cuestión.

El padre de PK lo escuchó pacientemente y luego le pidió que escribiera esto en alguna clase de diario de eventos; con fecha, hora, tipo de evento y por qué lo consideraba todo tan inaceptable.

Así que PK empezó a llevar un registro de todos los eventos que sucedían entre él y el Sr. Tarde Adictoalanoche.

Solo escribió estos eventos en un documento de Word y no hizo nada más. Una página de muestra del diario se veía así:

21 junio 2010: Terminé con mi trabajo respecto a OPV y deje la oficina a las 6:30 pm [Sr. Tarde adictoalanoche] me llamo a las 6:45 pm y me pidió que regresara de manera urgente pues quería revisar un acuerdo de enmienda.

Le pregunté si podía enviarme el documento para que lo revisara desde mi casa, hacer el seguimiento de los cambios y regresárselo por correo. Me dijo que no tenía una copia digital del acuerdo de enmienda sino sólo una copia en papel, la cual era de 500 páginas. Actué como si no fuera capaz de escucharlo claramente por interferencias en la línea telefónica y decidí no regresar a la oficina.

22 junio 2010: Pregunté al [Sr. Tarde Adictoalanoche] acerca del documento que se suponía debía revisar el día anterior. Para mi sorpresa, [Sr. Tarde Adictoalanoche] primero no podía recordar cuál era exactamente la urgencia y luego recordó e inmediatamente me envió por correo el mismo documento que declaró no tener en formato digital la noche anterior. Asimismo, el documento no era de 500 páginas sino solo de diez.

¡Esto es acoso puro!

PK se había cansado de las payasadas de [Sr. Tarde Adictoalanoche]. El segundo siempre gritaba lobo y no dejaba a PK trabajar desde casa ni lo dejaba ir a casa a una hora decente.

Un día, PK y Sr. Tarde Adictoalanoche fueron a una cita con un cliente en la tarde y regresaron a la oficina alrededor de la 7:30 pm.

PK tenía una jaqueca, así que dejó la oficina sin pedir el permiso del Sr. Tarde Adictoalanoche, el cual PK sabía que no estaría disponible en cualquier caso.

PK también mantuvo su teléfono móvil en modo silencioso; y cuando Sr. Tarde Adictoalanoche llamó, él no contestó.

PK llegó a casa sintiendo un poco de culpa, tenía ese apestoso presentimiento de que algo malo iba a pasar.

Más allá de importarle, PK lavó su cara, fue a dar un paseo en el parque para tomar algo de aire fresco, cenó y empezó a trabajar en sus notas otra vez.

La bandeja de entrada de PK estaba abierta.

Repentinamente un correo llegó del Gerente pidiendo a PK que apareciera en su oficina a la mañana siguiente y le explicara su "comportamiento bizarro" de reusarse a asistir a sus superiores.

El correo continuaba amenazando que si PK no se presentaba a la mañana siguiente, el Gerente estaría forzado a tomar "acciones más fuertes".

El corazón de PK llegó a su garganta.

Sintió como si la mítica Fénix ardiera y se redujera a cenizas.

PK estaba asustado, muy asustado.

Sin nadie más a quien recurrir, PK cogió algo de valor para mostrar el correo a su padre.

El padre de PK recordó el contexto que PK le había informado al respecto y le preguntó acerca del diario que PK supuestamente llevaba.

– Es momento de defenderte y compartir tu versión de la historia con el Gerente– aconsejó el padre de PK, bastante práctico.

– ¿Qué si haciendo esto empeoran las cosas? Después de todo este es mi primer empleo– respondió PK.

– Hijo, parece que ya están planeando tomar acción en contra de tu desafío. Si te mantienes callado, no sólo perderás tu trabajo sino que tampoco te escucharán y serás ignorado. Así que si vas a perder tu empleo de cualquier manera, es mejor caer luchando que rendirse ante un abusivo– dijo el padre de PK.

Entonces, PK hizo un boceto de su respuesta, copiando y pegando cuidadosamente aquellos puntos del diario que había estado llevando por meses.

Su respuesta había crecido a diez puntos, cada uno de ellos probando que el Sr. Tarde Adictoalanoche era un abusivo habitual, y un sádico que gritaba lobo todo el tiempo y desmotivaba a los asociados junior, no actuando para los mejores intereses de la empresa.

Una vez que PK terminó, presionó el botón enviar.

El correo se había ido. No hubo respuesta.

PK se fue a la cama bastante deprimido y angustiado.

No sabía si había hecho lo correcto. ¿Debió haber consentido el ego del Sr. Tarde Adictoalanoche un poco más y por un tiempo más largo?

Sorprendentemente, la respuesta fue un resonante "¡No!"

¿Debería empezar a buscar otro empleo?

PK siguió dándole vuelta de un lado a otro. Sentía como si lo hubiesen apuñalado con cientos de cuchillos.

Extrañamente el padre de PK parecía bastante relajado.

No le preocupaba que su hijo pronto fuera a perder su empleo.

De hecho, parecía estar bastante complacido al ver que su hijo se enfrentaba a los abusivos por su propia cuenta, de manera tranquila pero poderosa.

En la mañana cuando PK despertó, lo primero que hizo, incluso antes de lavarse los dientes, fue revisar su Blackberry®. Si, había otro mensaje del Gerente.

Solo una línea: '¿Tienes algún problema al trabajar con el [Sr. Tarde Adictoalanoche]?'

PK estuvo aliviado, solo un poco.

Parecía que el Gerente, de alguna manera, haba visto su punto de vista. Había conjeturado que lo que el Sr. Tarde Adictoalanoche le había dicho al Gerente era sólo la mitad de la verdad y entendió que había alguna clase de conflicto entre el Sr. Tarde Adictoalanoche y PK.

Así que no todo estaba perdido; PK esperó.

Ese día PK llegó temprano a la oficina.

El Sr. Tarde Adictoalanoche ya estaba ahí e inmediatamente llamó a PK a su cubículo y empezó a gritarle por qué había dejado la oficina la noche anterior sin informarle.

De repente el interfono del Sr. Tarde Adictoalanoche sonó.

Era el Gerente. Quería que el Sr. Tarde Adictoalanoche se reuniera con él inmediatamente.

La reunión duró por alrededor de media hora, después de lo cual PK pudo ver al Sr. Tarde Adictoalanoche secándose el sudor de la frente.

Entonces PK fue convocado.

PK pensó que ahora era su turno de sudar.

Se sorprendió, sin embargo, al ver que el Gerente estaba muy calmado, a diferencia de la noche anterior cuando había mandado aquel desagradable correo electrónico.

El Gerente escuchó pacientemente. Hizo algunos comentarios sarcásticos intermedios pero cuando PK terminó, parecía entender el punto de vista de PK.

–Puedo ver que tienes un problema. Hablaré con Recursos Humanos al respecto de esto y arreglaré las cosas – dijo el Gerente.

PK terminó para retirarse.

–Por cierto tus habilidades de redacción son muy buenas, tu correo electrónico era fresco, al punto y muy parecido al de un "abogado inglés" – lo felicitó el Gerente, un oxoniense.

PK estaba anonadado. Regresó a su escritorio y no pudo evitar sonreír de oreja a oreja.

De una situación sin esperanza, PK se había levantado como el Fénix, literalmente de las cenizas.

PD: Aquella fue la última vez que PK habló con el Sr. Tarde Adictoalanoche. Se decidió que los dos no trabajarían juntos en ningún asunto.

El Sr. Tarde Adictoalanoche trató de ser amigo de PK.

Le dijo a PK que lo veía como un amigo y que no había sido su intención ocasionarle ningún daño.

Sin embargo, al Sr. Tarde Adictoalanoche se le pidió que abandonara la firma un mes después.

Moraleja de la Historia

PK se preguntó, seriamente, ¿cuál habría sido el resultado si se hubiera mantenido callado, como la mayoría de sus colegas le aconsejaron y no hubiera mandado ese correo electrónico?

¿Y si no hubiera llevado tan meticulosamente un diario completo de eventos?

La respuesta que surgió era obvia.

PK hubiera sido señalado de manera adversa por desafiar a sus superiores.

Hubiera sido etiquetado de haragán, quejica, alguien que no estaba dispuesto a "realizar un esfuerzo adicional".

Y PK, definitivamente, hubiera sido despedido aquella mañana.

I: Explicando "Fénix Tranquilo"

¡LO ADIVINASTE!

Sí, que PK en la historia que acabo de narrar se refiere a tu servidor, Prasenjeet Kumar.

Entonces, ¿por qué estoy exponiendo acerca del "Fénix Tranquilo"?

La frase "levantarse como un Fénix de las cenizas" ha sido utilizada como una metáfora para muchas circunstancias diferentes.

Una de las circunstancias es que te levantas por encima de cualquier situación grave/triste en el camino para estar feliz y satisfecho.

La palabra "Tranquilo", por otro lado, es utilizada para denotar a las personas tranquilas o introvertidas como yo; en donde eso sí, la palabra introvertido ya no es un término despectivo para referirse a personas tímidas, que no saben que decir y que carecen de habilidades sociales.

Si has leído el bestseller de Susan Cain *Quiet: El Poder de los Introvertidos en un Mundo Incapaz de Callarse*, es probable que ya estés familiarizado con lo que estoy hablando.

Para aquellos de ustedes que aún están inseguros de lo que significa "introvertido", no creas que te aburriré con la historia del origen de las palabras "extrovertido" e "introvertido".

O, cómo se utilizaba en el pasado y que clase de investigación extensa se ha hecho acerca de esos dos tipos de personalidades por Carl Jung y muchos otros distinguidos psicólogos.

Un introvertido ha sido definido en la actualidad como alguien que está preocupado por el mundo interior de sus pensamientos y sentimientos.

Si, un introvertido es alguien que prefiere estar solo. Pero eso no significa que odie a la gente o que tenga pobres habilidades sociales.

Por el contrario, los introvertidos aman a la gente pero a menudo se sienten exhaustos si pasan demasiado tiempo socializando.

Un introvertido necesita pasar tiempo solo, como se dice popularmente, para recargar sus baterías.

Esto lo diferencia de sus contrapartes extrovertidas que "recargan" estando y festejando con la gente.

Sin embargo, un introvertido tiene poderes especiales que a menudo son subestimados tanto en ambientes sociales como en lugares de trabajo.

Los introvertidos se supone que tiene sorprendentes poderes de concentración, dedicados a escuchar y una habilidad de fomentar relaciones profundas con amigos y clientes.

De manera interesante, los introvertidos se expresan mejor escribiendo que hablando. Esta podría ser una de las razones por la cual muchos grandes escritores son introvertidos.

Ahora, regresando al término "Fénix Tranquilo", los introvertidos en un lugar de trabajo pueden, a menudo, sentirse discriminados y subestimados.

Pueden sentir que sus contrapartes extrovertidas son mejores vendiéndose a sus jefes y saliendo adelante.

Algunos de nosotros, los introvertidos, podemos no sentirnos cómodos en ambientes abiertos que son comunes en la mayoría de las oficinas hoy en día.

Nuestras ideas a menudo no son escuchadas en las sesiones de lluvia de ideas porque tendemos a hablar suavemente o somos interrumpidos a la mitad por nuestros impacientes y extrovertidos amigos. Por consiguiente nuestro fracaso por "contribuir" puede ser visto por nuestros jefes como falta de entusiasmo.

Largas horas de trabajo pueden no encajar para muchos de nosotros. A menudo estamos agotados para asistir a eventos sociales del trabajo, los cuales siguen y siguen hasta altas horas de la noche.

Cambios en el escenario económico pueden empeorar estos problemas. Los despidos han llegado a ser comunes después de la crisis financiera global del 2008. Se ha vuelto más fácil perder tu trabajo y, de hecho, más difícil conseguir uno nuevo. Esto ha afectado a todos, tanto extrovertidos como introvertidos.

Siempre es una calamidad cuando alguien pierde su trabajo.

¿Cómo vas a pagar tus cuentas ahora?

¿Cuánto tiempo tendrás para apoyarte financieramente en los miembros de tu familia/cónyuge, incluso si son un gran apoyo para ti?

¿Qué le dirás a la gente cuando te pregunten en qué trabajas?

Si eres un introvertido, puede que tengas que luchar aún más con sentimientos internos. Puedes culparte a ti mismo por tu falta de habilidad para venderte a empleadores potenciales.

Puedes preguntarte como podrías haber complacido más a tus jefes en tu trabajo anterior. ¿Sabes que largas horas de trabajo innecesarias te enferman solo debes persistir un poco más?

¿Debiste hablar más alto en aquellas desagradables sesiones de lluvia de ideas?

¿Debiste forzarte a ti mismo para permanecer más tiempo durante los eventos sociales de trabajo?

Puede que hayas nacido con dos pies izquierdos y pues eres incapaz de "soltarte el pelo" en un evento social.

Puede ser que te haya faltado entusiasmo para tener éxito en tu lugar de trabajo.

Entonces, tal vez eres incompetente e indigno de ser retenido.

El momento cuando estas luchando con tus sentimientos internos y pensamientos duros, negativos y depresivos es lo que inicialmente yo llamo la "situación grave/triste".

Así que como un Fénix, ¿cómo te levantas por encima de todo (como un introvertido o una persona Tranquila) y te mueves hacia el camino de la felicidad y el placer dejando atrás todo el equipaje viejo?

Sinceramente creo que **"Fénix Tranquilo"** te ayudará a realizar eso.

Si de verdad disfrutas tu trabajo actual, podrás encontrar en este libro algunos consejos bastante valiosos para brillar en tu profesión.

Sin embargo, si crees que esto no es para lo que estabas destinado a hacer en la vida, entonces podrás encontrar ideas en este libro que te ayudarán a cambiar tu camino profesional (como yo lo hice).

En este libro comparto mi historia y trayectoria desde llegar a ser un Abogado Corporativo hasta un autor-empresario de tiempo completo.

Quizá, tú también, te inspires por mi historia y algún día escribas tu propia e inspiradora historia de coraje, determinación y transformación.

"Es mejor que el fracaso suceda temprano en la vida. Que despierte el ave Fénix en ti y así te levantaras de las cenizas"

—Anne Baxter

II: Quién Soy y Lo Que Cambió Mi Vida

"SOY LA ÚNICA PERSONA en el mundo que me gustaría conocer completamente".

—Oscar Wilde

Permíteme contarte un poco sobre mí.

Actualmente soy autor, bloguero y empresario. He escrito, publicado y colocado en sitios electrónicos para su venta, tres libros en seis meses.

Ninguno de los libros se parece a alguno de aquellos panfletos de 20-50 páginas que contaminan los mercados de ebooks hoy en día. Mi primer libro fue de 200 páginas (27,000 palabras aproximadamente), el segundo de 308 páginas (37,000 palabras aproximadamente), y mi tercero fue de 297 páginas (36,000 palabras aproximadamente).

Puede sorprenderte saber que esos tres fueron "libros de cocina" basados en recetas de mi querida madre. Pero no soy chef, de formación, aptitud o inclinación.

Realmente soy un abogado corporativo con un grado LLB (honorario) por parte de la University College London, y un Diplomado en Práctica Jurídica (LPC) por parte de College of Law, Bloomsbury, London.

También he tenido mis temporadas de participación en la ley corporativa en Londres y Delhi por alrededor de tres años.

Así que mientras sigo siendo un poco reacio a ser etiquetado como un "Autor de Libros de Cocina", lo que necesito enfatizar es que una buena mañana, solo sentí una urgencia: no solo catalogar mi tradición familiar y lo que pienso, recetas innovadoras, sino también ayudar a la gente ocupada a crear comidas desde lo básico, en un santiamén.

Amo escribir acerca de cosas que realmente me apasionan.

Creo que mis escritos deben ayudar a cambiar las vidas de las personas para siempre (¡para bien, por supuesto!).

Escribir también es una verdadera experiencia liberadora para mí. Puede curar viejas heridas y en el proceso de influenciar otras, puede traer un montón de significado a tu vida.

Vivo en la India, en el norte, cerca del Himalaya. Amo las montañas con su clima templado, la nieve cubriendo los picos, bosques de pino y abeto, flores de durazno y cereza y los verdes pastizales.

Te puede parecer (con mucha precisión) que soy un amante de la naturaleza. Prefiero pasar el tiempo caminando en las montañas que festejando en pubs y clubes nocturnos.

Esto no quiere decir que odio a los seres humanos. Tengo unos cuantos amigos con quienes he forjado relaciones extremadamente profundas.

Disfruto de las interacciones uno-a-uno con algunos de mis más cercanos amigos. Esto realmente puede recargarme (y quizá sacar a relucir un poco el lado extrovertido en mi).

También, prefiero relaciones a largo plazo con otros que tener aventuras de una sola noche.

Amo la comida gourmet, el chocolate y el queso. Es una razón por la que no me importó comenzar mi carrera de escritos con libros de cocina.

Sin embargo, no soy un flojonazo.

Adoro hacer toda clase de ejercicio: cardio, *upper body*, *lower body*, músculos centrales, flexibilidad y equilibrio, siendo Pilates mi favorito. Prefiero el entrenamiento funcional que el ejercicio con equipo, porque siento que el primero es más natural y también fomenta una sensación de profundo bienestar espiritual.

Ya he mencionado que soy un autor empresario.

Esto significa que no sólo amo escribir, sino que también me enfoco en la publicación y promoción de mis libros. Sin embargo, esto no siempre es el caso.

Algunos años atrás, mis sueños (supuestamente) eran completamente diferentes.

Desde mis años adolescentes, siempre había querido ser un Abogado Corporativo.

Mi primo fue uno en los Estados Unidos.

En el 2000, cuando visité los Estados Unidos, quedé fascinado por las despampanantes oficinas de leyes en Nueva York con sus brillantes ventanales de vidrio y elevadores de alta velocidad.

También había escuchado que los abogados corporativos ganaban muy bien, salarios de seis cifras y honorarios que pueden hacer agua la boca a cualquiera.

Operaciones corporativas transnacionales de miles de millones también sonaban interesantes.

Naturalmente (o demasiado diría ahora) quería estar en la vanguardia de este sector tan excitante (como lo había escrito en una de mis solicitudes de aplicación entonces).

Estudié Filosofía para conseguir mi título de grado (Con honores) en el St.Stephens College, en Delhi y luego Leyes en la University College London en Inglaterra (Por cierto los grados de leyes ingleses son reconocidos en el Colegio de Abogados de la India)

Encontré la versión académica de las leyes intelectualmente muy estimulante. Las discusiones y disertaciones en torno a toda clase de complejidades legales, problemas éticos, relativismo (como lo que es correcto en un contexto, suena totalmente absurdo en otro) y que "existen instancias donde no existen respuestas claras", tipo de enfoque el cual encontré absolutamente fascinante.

También hice algunos amigos realmente buenos durante mis días de universidad con quienes aún estoy en contacto.

Así que, una carrera en Derecho sonaba como la opción correcta para mí. No sabía entonces que una cosa es disfrutar intelectualmente de las leyes y otra muy diferente es trabajar en una Firma Corporativa.

En 2009, regresé a la India y me uní a una Firma de Leyes en Delhi Central.

Como un introvertido, sufrí unas cuantas desventajas (aunque en ese momento no me di cuenta de esto).

Mis colegas eran más inteligentes al venderse (a pesar de que hice la mayor parte del trabajo).

Sentado y trabajando largas horas solía agotar mis niveles de energía.

Generalmente no había tiempo para relajarme y recargarme.

Muchas veces trabajábamos en sábado, domingo y vacaciones para cumplir los estrictos plazos. Incluso si evitabas esos "días de vacaciones" era visto como un signo de falta de compromiso.

Sin embargo, fije un objetivo para completar todas mis asignaciones a tiempo, cumpliendo con los plazos e incluso tomando algunas iniciativas, las cuales fueron desapercibidas.

Pero sin importar cuanto lo intentara, no podía evitar ser una víctima del favoritismo y las traiciones corporativas (más sobre esto en los próximos capítulos).

Esto no significa que no hubo momento cumbre.

Uno de los Socios de Derecho Corporativo realmente apreciaba mi habilidad de redactar, escribir e investigar.

Mi habilidad para completar todas mis asignaciones a tiempo era reconocida.

Una de las investigaciones que hice fue considerada innovadora.

Las ocasionales presentaciones en power point fueron muy bien recibidas.

Mi habilidad para detectar problemas potenciales en la debida diligencia fue muy elogiada.

Sobre todo, era considerado un trabajador responsable, un miembro importante de un equipo.

Sin embargo, el estrés estaba cobrando un precio real en mi vida. Me sentía extremadamente cansado (no como solía ser) en las noches cuando regresaba a casa y me sentía culpable de dejar la oficina "temprano".

El estrés resultante de las presiones del trabajo fue empeorando debido a las traiciones y el manejo de la culpa.

Empecé a tener dolores de cabeza y nauseas con frecuencia. De camino a la oficina, empezaba a sentirme mareado. Los miembros de mi familia estaban notando este cambio en mi comportamiento.

Estaba perdiendo confianza en mí mismo y me sentía cada vez más y más inseguro.

Aunque me consideraba la persona más en forma en mi oficina, como alguien que puede subir once pisos sin perder el aliento, empecé a tener terribles dolores de espalda.

Fue como si mi cuerpo se estuviera dando por vencido.

Los viernes, estaba aliviado de poder disfrutar mis fines de semana.

Los domingos, me horrorizaba la idea de comenzar a trabajar desde el lunes.

En lugar de disfrutar mi trabajo, estaba más obsesionado con conservar mi empleo.

Mis niveles de estrés se incrementaron día a día y ni siquiera sabía si había alguna solución.

Dejar tu empleo y sentarte en casa sin un ingreso no era una opción práctica del todo.

Entonces el Día-D llegó.

En 2011, los contratos del Corporativo empezaron a agotarse (incluyendo en las economías emergentes como la India).

Algunas de las razones citadas fueron la parálisis política del gobierno en introducir reformas amigablemente económicas y la desaceleración mundial.

Los mercados eran altamente volátiles y las compañías estaban ejerciendo cautela en la entrada a fusiones y adquisiciones o contratos de mercado de capital.

Estaba en el equipo de Mercados de Capital y ninguna empresa estaba dispuesta a seguir adelante con una OPV (oferta pública de venta de acciones).

Alguno de ustedes puede no entender esta jerga, pero no hay que preocuparse, realmente no es necesario.

El punto es que no había nuevos "asuntos" por venir.

Como resultado, empleados a mí alrededor fueron despedidos. Muchos de mis amigos extrovertidos también perdieron sus empleos.

En una línea, llegamos a ser demasiado costosos para la compañía.

El día llegó cuando también me pidieron que me fuera.

Te preguntarás como se siente perder tu empleo. ¿Estaba enojado, deprimido, humillado o sorprendido?

¡No! Cuando sucedió, realmente me sentí bastante liberado y aliviado.

Mis niveles de estrés habían alcanzado un nivel en el que me sentía que iba a tener un colapso nervioso.

Ahora, no tenía necesidad de temer a la idea de ir a la oficina el lunes en la mañana.

Estaba realmente agradecido de no tener que lidiar con mi jefe de equipo traidor ni con mis colegas de oficina apuñaleando en mi espalda.

Básicamente, estaba feliz de poder volver a ser ese quien realmente soy.

Así que realmente lo tomé todo como una bendición disfrazada.

Ahora tendría bastante tiempo en casa para rejuvenecerme, para realmente auto-reflexionar acerca de lo quería de la vida.

Aún como una acción refleja continué enviando mi currículo a unas cuantas firmas legales.

La mayoría no respondió y no conseguí empleo con las que me entrevistaron.

¡El único empleo que pude agarrar fue el de un abogado interno en una empresa de bienes raíces, donde yo era el único empleado en la celda legal!

Aunque tenía acceso directo con el presidente y todos los directores de la empresa, el trabajo no era divertido. Renuncié después de solo tres meses, de puro aburrimiento.

Empecé a darme cuenta de que no estaba nada cerca de ser un apasionado por el trabajo legal.

Quizás esta era una razón por la que no podía demostrar entusiasmo incluso cuando trataba de actuar como si me importara.

Siempre me había considerado una persona creativa, en mi escuela y mi universidad, disfrutaba escribir y actuar. Ambos requieren de imaginación.

En la actuación utilizas tu voz, diálogos y gestos para comunicar una emoción.

En la escritura utilizas las palabras para hacer lo mismo.

Sabía hacia dónde me dirigía.

Sin embargo, no quería seguir la actuación como una profesión de tiempo completo o mudarme a Bollywood. Me uní a un taller de actuación por un mes pero eso fue todo.

En mi tiempo libre, comencé a aprender acerca del blogueo, diseño de páginas web y publicidad en redes sociales.

Entonces empecé un blog con las recetas de mi madre.

En paralelo, continué aprendiendo por mi cuenta las habilidades de la auto-publicación, incluyendo diseño de portadas, formateo de documentos y libros electrónicos y cómo publicarlos en las diferentes plataformas electrónicas de venta.

Esto, en sí mismo, no habría dado lugar a la escritura de este libro.

Entonces leí el libro de Susan Cain, *Quiet: El Poder de los Introvertidos en un Mundo Incapaz de Callarse* el cual transformó mi vida para siempre.

Era vagamente consciente acerca de mis poderes latentes pero no me di cuenta de que lo que tenía o experimentaba era por ser introvertido.

Susan, en su libro, entra en detalles extremos en relación con los dones de ser una persona introvertida. Con extensa investigación médica y psicológica y entrevistas, ella llega a la conclusión de que los introvertidos están en posesión de grandes poderes de concentración y son relativamente inmunes a tentaciones de riqueza y estatus.

Prefieren dedicar sus energías sociales a sus amigos cercanos, colegas y familia. Escuchan más que hablar, piensan antes de expresarse y a menudo sienten que se expresan mejor escribiendo que en una conversación.

También tienden a evitar conflictos. Además, un introvertido es más probable a ser fiel a su cónyuge, es menos arriesgado y más persistente que sus contrapartes extrovertidas especialmente cuando las circunstancias se tornan difíciles.

Creo que es imposible resumir el libro de Susan Cain en solo unas cuantas líneas. Exhorto fuertemente a todos, especialmente a aquellos que están catalogados como introvertidos, a leer ese libro y transformarse.

Descubrí que sus palabras me curaron, especialmente donde ella dice:

"Si eres un introvertido, encuentra tu flujo utilizando tus dones. Tienes el poder de la persistencia, la tenacidad de resolver problemas complejos y la clarividencia para evitar obstáculos con los que otros tropiezan. Disfruta la relativa libertad de las tentaciones de los premios superficiales como el dinero y el estatus. De hecho tu más grande reto puede ser aprovechar completamente tus fortalezas. Puedes estar tan ocupado para parecer un extrovertido entusiasta afecto a la recompensa que subestimas tus propios talentos, o sentirte subestimado por aquellos alrededor tuyo. Pero cuan-

do estas enfocado en un proyecto que te importa, probablemente descubrirás que tu energía es ilimitada.

Así que permanece leal a tu propia naturaleza. Si te gusta hacer las cosas en una manera lenta y constante, no dejes que otros sientan como si tuvieras que competir. Si te gusta la profundidad no te fuerces en buscar la superficialidad. Si prefieres una sola tarea a multi-tareas, mantente firme. Sé relativamente indiferente a recompensas que te dan el poder incalculable para seguir tu propio camino. Depende de ti el utilizar esa independencia con buenos efectos."

Fueron las palabras mágicas que despertaron el ave Fénix dentro de mí. El Fénix finalmente renació de las cenizas.

Estas palabras me motivaron a escribir acerca de mis propias experiencias.

La idea no solo es curarme (lo que el tiempo ya hizo) sino también confortar a otros con mis propias experiencias.

III: El Propósito de Escribir Este Libro

EL PROPÓSITO DE ESCRIBIR este libro es ayudar a los introvertidos (más específicamente) a utilizar sus dones innatos para triunfar en sus carreras elegidas o para cambiar exitosamente de carrera.

Conservar tu empleo ha llegado a ser extremadamente difícil después de la Crisis Financiera Mundial de 2008. El mundo desarrollado ha sido severamente golpeado. Otras partes del mundo (incluyendo economías emergentes cono India, China, Brasil, Rusia y Sudáfrica) también han sido afectadas por esta recesión mundial.

Los despidos han llegado a ser muy comunes. Puedes perder tu trabajo de la noche a la mañana y tal vez no poder obtener otro fácilmente.

En este contexto, las corporaciones despiadadas y traicioneras (la cuales siempre han estado ahí) han llegado a ser mucho más prominentes que antes. Tus colegas simplemente podrán estar más desesperados para hacer cualquier cosa para tomar la delantera y puedes ser la última persona en tener incluso la sensación de que ellos han estado conspirando.

Los introvertidos están ya en desventaja en el lugar de trabajo. La cultura corporativa (desde los grandes multi-corporativos hasta los negocios más pequeños) idealiza a un yo extrovertido, un hombre valiente, asertivo, auto-tranquilizador, alguien que pueda tomar el centro el escenario.

Sin embargo, investigaciones por autores como Susan Cain, Jennifer Kahnweiler, Sophia Dembling y muchos otros, han establecido, concluyentemente, la existencia de los poderes especiales con los que los introvertidos son dotados de manera natural.

Este libro simplemente trata de hacerte consciente de aquellas fortalezas y aconsejarte sobre cómo puedes utilizar esos poderes a tu ventaja en un entorno de trabajo.

Obviamente, también debes considerar si tu actual lugar de trabajo te da el foro para utilizar tus poderes únicos, efectivamente.

Por favor enfócate en la pregunta.

En lugar de preguntar si estas utilizando tus poderes efectivamente en un lugar de trabajo, estoy preguntando si tu lugar de trabajo te provee la oportunidad de utilizar tus poderes eficientemente.

Esto puede significar, por ejemplo, que puedes ser grandioso al escribir reportes pero solamente puedes ser evaluado por tu contribución en las sesiones de lluvia de ideas lo cual no puede ser tan bueno.

O podrías ser bueno en el cumplimiento de plazos con resultados de calidad pero eres juzgado negativamente acerca de no pasar largas horas en la oficina lo cual puede ser el criterio preferido para la evaluación en tu empresa.

Si sientes que tu lugar de trabajo no te estimula a utilizar tus poderes eficientemente, ¿podrías diseñar o elegir tu propio lugar de trabajo?

Esto nos trae la segunda pregunta del millón de dólares: En realidad ¿qué quieres lograr en tu vida?

No seas tímido.

Sé que unos cuantos amigos y familiares reirán con la idea de que tú te conviertas en artista, escritor, pintor, actor, músico o incluso un empresario.

Se te enseñara que la mayoría de los artistas no ganaron nada y los que lo hacen son uno en un millón.

Así que, tu índice de éxito es muy bajo. Es mejor ser banquero, consultor de TI o abogado corporativo.

Pero, ¿qué pasa si tu índice de éxito en el último caso es tan bajo como en los anteriores, debido a la recesión mundial y a un millón de factores más, a los que no puedes adaptarte ni controlar?

¿Serías feliz estando en la categoría de artistas (creo que los empresarios también son artistas)?

Al menos podrías ser tú mismo.

No será necesario que gastes tu energía actuando más como un extrovertido, demostrando (falsamente) a tus jefes cuanto te apasiona tu empleo.

Y lo más importante, podrías estar trabajando en un ambiente donde puedas utilizar tus dones naturales con soltura y de este modo convertirte en un ser humano más feliz y espiritualmente contento.

También ten en cuenta que el paso a una industria que es relativamente inmune a la crisis mundial puede ser algo eminentemente sensato que hacer.

La gente continuará viendo películas, escuchando música, leyendo libros, preocupándose por su salud, riqueza y relaciones incluso cuando las grandes corporaciones armen comités para aconsejar acerca de entrar al mercado de valores, adquirir un nuevo negocio o reestructurarse.

Un elefante siempre inspira asombro cuando se le ve desde cierta distancia pero siempre es el pequeño gato con patas ágiles el que disfruta tener nueve vidas.

El mundo ciertamente necesita de ambos, elefantes y gatos. No puedo, por lo tanto, aconsejar que todos ustedes se conviertan en artistas o escritores.

La decisión depende de ti, de tus talentos, fortalezas e inclinaciones.

En este libro, sin embargo, compartiré mi propia historia de supervivencia en un entorno corporativo lo cual puede, con suerte, indicarte un camino para tu "liberación" de actual esclavitud.

Fui un abogado corporativo, así que estaré dando principalmente ejemplos de trabajar en una firma legal corporativa. Sin embargo, no veo razón de por qué estas ideas con sentido no deban ser igualmente apropiadas para un banquero, un consultor, un contador un profesional TI o cualquier otro.

Este libro se enfoca en las estrategias que los introvertidos pueden aplicar para sobrevivir en un entorno laboral.

Otros aspectos tales como cuántos introvertidos pueden vivir felizmente con los extrovertidos, criar niños introvertidos, tener citas o entablar amistades, etc., quedan fuera del alcance de este libro.

Esto no quiere decir que el libro no sea para extrovertidos.

Los extrovertidos ya son buenos en demostrar entusiasmo, en la lluvia de ideas y en venderse bien a sus jefes.

PERO incluso los extrovertidos pueden y deben aprender algunas tranquilas técnicas para superar a su competencia.

Si eres feliz con tu empleo o con lo que sea que hagas actualmente, puedes aun leer este libro puramente por entretenimiento.

Las personas que conocí en mi lugar de trabajo eran personas reales, pero eran tan interesantes cono cualquier personaje ficticio podría ser.

Por lo tanto, es posible leer este libro desde una perspectiva de simple "diversión".

¡Les deseo a todos una muy feliz lectura!

Capítulo 1: Carrera en una Firma Legal Corporativa

PERMÍTEME HACER AQUÍ, lo que los escritores de ficción llamarían "configuración de escena" (aunque este no es exactamente un libro de ficción).

La escena está planeada para hacerte entender mejor los jugosos bocados que siguen en los capítulos posteriores, especialmente las partes de traición y favoritismo.

¿Qué hace realmente un Abogado Corporativo?

¿Sabes qué hace realmente un Abogado Corporativo?

Yo no sabía, cuando en la escuela soñaba en convertirme en uno.

La percepción popular de las novelas de John Grishman, los programas de televisión como Boston Legal, Ally MacBeal y muchas películas hollywoodenses es que debes estar golpeando la mesa ante un juez (que está, supuestamente, siendo injusto) gritando y vociferando con la parte alta de tus pulmones para establecer la inocencia de tu cliente.

O que puedes estar representando a una anciana que sufrió trabajando en una fábrica de químicos perteneciente a una gran y repugnante corporación que por otro lado está empeñada en devastar a la madre Tierra solamente para embellecer sus balances.

Desafortunadamente, nada tan dramático sucede en la vida diaria de un abogado corporativo.

Puedes tener la oportunidad de demostrar tus habilidades histriónicas en una corte si fueras un abogado litigante.

Pero en cualquier Firma Legal, es muy probable que representes a la corporación malvada en lugar de a la anciana, porque la primera sería quien puede permitirse el lujo de pagarte, facturas hinchadas por tu firma.

Un trabajo de Abogado Corporativo está mucho más orientado al escritorio, estarás escribiendo reportes, aconsejando clientes (por escrito la mayoría de las veces), armando acuerdos legales y negociando estos acuerdos en favor de tus clientes con otras firmas legales.

En términos de hombre legal, si un cliente, por ejemplo, quiere establecer un negocio o introducir una OPV (oferta pública de venta de acciones), el vendrá a ti porque le gustaría conocer las leyes que necesita cumplir.

Simultáneamente ira a un banco de inversión si necesita financiamiento.

De manera interesante, tanto el cliente como el banquero de inversión necesitarán abogados para cuidar sus propios intereses.

Te puedes sentir sorprendido y preguntarte cómo este empleo es diferente al de un Consultor.

Creo que la principal diferencia seria que un Consultor aconsejaría a los clientes en materias no legales tales como desempeño de la industria, su futuro potencial y el mejor momento para hacer la entrada o la salida, mientras que un Abogado Corporativo aconsejará al respecto de las limitaciones legales para realizar las mismas cosas y las formas jurídicas alrededor de estas.

Tamaño y Estructura de la Firma

A diferencia de las firmas legales en occidente que emplean enormes cantidades de personas, algunas de ellas incluso tienen miles de abogados trabajando en una gran ciudad cono Nueva York o Londres, las firmas legales hindúes son relativamente pequeñas. La más grande de ellas tiene solo 400 abogados en una oficina. En la que yo trabajé, estaba localizada en Delhi Central y tenía menos de 100 abogados (alrededor de 70 en aquel tiempo).

Las firmas legales son muy jerárquicas por naturaleza. Tus responsabilidades y expectativas se establecen desde el principio y cambian gradualmente.

Esto puede, por supuesto, ser verdad en la mayoría de los lugares de trabajo, especialmente en las firmas consultoras donde las designaciones también parecen bastante similares a las utilizadas por las firmas legales.

En India, los abogados se unen a nivel Asociado. En el Reino Unido, son llamados aprendices.

Un Asociado tiene que escalar tres niveles antes de ser considerado para una posición de Asociado Senior. Estos niveles son generalmente determinados por el número de años trabajando en la firma legal.

Así que, un asociado es su primer año deberá ser considerado como A-1, en su segundo como A-2 y en su tercero cono A-3, la graduación desde A-1 hasta A-3 es bastante automática y no depende mucho del rendimiento.

Desde esa posición, un abogado debería moverse al rango de un Asociado Principal, luego un Asociado Socio, antes de llegar a convertirse en un Socio de tiempo completo.

Un Socio es la posición más alta que puedes alcanzar en una firma legal.

Un socio es responsable de manejar a su equipo, conseguir nuevos clientes, negociar a favor de sus clientes, etc. Cualquier documento legal. Cualquier documento legal, que tiene que ser enviado a un cliente, solo se hace después de que el Socio lo apruebe.

A diferencia de otros abogados que tienen un sueldo fijo, un Socio tiene una participación directa en las ganancias de una firma legal. Esta cantidad puede ser enorme (si tu división lo ha hecho bien) y ésta es la razón por la que casi todos los abogados aspiran a ser Socios un día.

En lo general, me sorprendió que no tuviera intención de llegar a nivel Socio a pesar de que mis sueños iniciales eran convertirme en un Abogado Corporativo.

Una pregunta que vale la pena reflexionar.

Al volver al nivel Asociado, en teoría, no había diferencia entre el nivel de responsabilidad entre, digamos, dos asociados nivel

A-2 (asociados nivel segundo año). Se espera que realices el mismo tipo de trabajo.

Esto generalmente implica hacer investigación jurídica, asistir en la debida diligencia de las compañías, redacción de reportes legales de la "debida diligencia" y ayudar a los Asociados Senior y Socios en la preparación del primer borrador de los acuerdos legales.

Por lo que técnicamente debías realizar el mismo tipo de trabajo que otro asociado de tu nivel aunque fueras supuestamente más competente.

Sin embargo, en la práctica, la realidad era algo diferente la cual trataré de explicar en mayores detalle en el Capítulo 6 (la parte del favoritismo).

Al final del año, los bonos eran pagados a cada abogado (excepto a los asociados de primer año) dependiendo del desempeño de la firma y el tuyo. Así, un Asociado podía ver un aumento en su salario oscilando en un 5-10% de un año a otro.

Mis padres, quienes están en el Servicio del Gobierno, pensaban que esto era una manera de neutralizar la inflación, por un buen desempeño, que el gobierno realizó mediante "subsidios de carestía de vida" vinculados a la inflación para todos, independientemente de su desempeño.

Estructura del Equipo

En mi firma legal. Los departamentos estaban divididos en Corporativo (incluyendo Mercados de Capital), Litigación, Infraestructura, Competencia y Bienes Raíces.

En el departamento Corporativo, había cerca de 25 Asociados (incluyendo Asociados Senior) y 3 Socios. Sin embargo, no había una estructura de equipo rígida con el resultado de que podías estar trabajando con diferentes personas en diferentes proyectos.

Así que, era posible tener múltiples jefes y múltiples problemas al mismo tiempo.

¡Una situación bastante desordenada y caótica, en verdad!

Después, se formó un equipo independiente dentro del equipo Corporativo conocido como "el equipo de Mercados de Capital" con un Socio y otros dos Asociados.

Me ofrecí a unirme al equipo de Mercados de Capital pues hasta entonces estaba disfrutando realizar el trabajo de Mercados de Capital.

Además pensé que trabajar en un equipo pequeño se adaptaría más a mi estilo de trabajo.

Capítulo 2: Trabajando en un Espacio de Oficina Abierto

MI FIRMA, COMO LA MAYORÍA de las otras oficinas "modernas", tenía un espacio de oficina abierto. Solíamos sentarnos en cubículos de mediana altura en los espacios públicos.

La idea era asegurar que nadie se "durmiera en el trabajo", pero de cualquier manera me sentía sofocado trabajando en tales espacios abiertos y pensaba que reprimían tu creatividad.

El Concepto del Espacio de Oficina Abierto

Susan Cain ha hecho un fabuloso trabajo al explicar por qué y cómo el concepto del espacio de oficina abierto ha evolucionado y por qué ahora las grandes corporaciones pueden tener más que oficinas abiertas.

Ella llama a esta aparición un resultado del fenómeno "*New Groupthink*" (Nuevo pensamiento grupal), el cual es una filosofía que eleva el trabajo en equipo por encima de todo lo demás. La creencia general es que un espacio de oficina abierto hace más fácil para los empleados compartir sus ideas, intercambiar notas y resolver problemas en un modo creativamente colaborativo.

Las corporaciones han hecho todo lo posible para adoptar esta filosofía. Así que ahora cuando aplicas para un empleo con cualquier firma legal o compañía consultora, tienes que demostrar tus habilidades de trabajo en equipo y proveer ejemplos concretos de cómo has sido un excelente trabajador en equipo. Discusiones en grupo y varias otras actividades son organizadas para evaluar tus habilidades. Las formas de evaluación también son estructuradas y reflejan la misma fórmula "*New Groupthink*".

Los corporativos en economías emergentes también han tratado de imitar a sus contrapartes occidentales. El sentimiento es que desde que las gigantescas compañías estadounidenses siguen el "*New Groupthink*" y son exitosas, deberíamos hacer también lo mismo para ser incluso más exitosos.

No hace falta decir, que los espacios de oficina abiertos también ayudan a los jefes a vigilar que están haciendo sus subordinados. Cuánto tiempo es gastado en el trabajo o en Facebook. Cuántos recesos se toman y quién se retira en punto de las seis de la tarde.

Sin embargo, ahora creo que el concepto de un espacio de oficina abierto es uno realmente muy defectuoso.

Como muchos estudios han establecido, la mayoría de descubrimientos originales e innovaciones han tomado lugar en entornos más tranquilos.

Es solo en la soledad cuando puedes concentrarte, analizar tu desempeño, mejorar tus habilidades y practicar las que necesitas mejorar.

Los Problemas que los Introvertidos Enfrentan en Espacios de Oficina Abiertos

Sophia Dembling, autora de *El Camino del Introvertido: Viviendo una Vida Tranquila en un Mundo Ruidoso* explica el anatema realmente bien. Ella llama al espacio de oficina abierto como el "cubículo de succión de privacidad", agregando que:

"Pensar puede ser extremadamente difícil para nosotros (introvertidos) cuando somos forzados a escuchar las conversaciones telefónicas de todo el mundo, cuando somos incapaces de evitar que el chisme de oficina pare por nuestro escritorio por un pequeño movimiento de mandíbula, cuando el silencio y la soledad son casi imposibles de conseguir ".

Mi Experiencia Personal con los Espacios Abiertos de Oficina

Recién salido de la universidad, donde estas sentado con otros 25 estudiantes, personalmente no encontré mucho problema en ajustarme a un espacio de oficina abierto. Inicialmente, no encontré dificultad en concentrarme con gente a mí alrededor simplemente porque no pensé que tuviera cualquier otra opción.

Nuestros seniors solían tener sus propios cubículos individuales. Me he sentado ocasionalmente en esos cubículos cuando trabajaba con un senior.

Hablando francamente, solía encontrar esos cubículos oscuros y cerrados más sofocantes que los espacios de oficina abierta.

Disfruté estar rodeado de gente. Esto también hizo más fácil para mí socializar con otros colegas, tener sesiones de chisme ocasional (generalmente sobre el mismo jefe irracional) y tirar de las piernas del otro.

La mayoría del tiempo mis colegas estaban ocupados. Así que todos a tu alrededor se verán tecleando, a veces bastante furiosos.

En realidad no creí que mi concentración o productividad fuera afectada en un espacio abierto de oficina. Y no soy el único que se sentía así.

Susan Cain también admite que encuentra difícil escribir un poco en el teclado en su oficina en casa. La razón fue que también se sintió apartada del mundo, sentada sola en una habitación enorme, incluso con un montón de luz solar.

En lugar de eso ella escribió su bestseller en su "cafetería favorita densamente repleta de gente". Sintió que la simple presencia de otras personas en el café hizo que su mente hiciera saltos asociativos.

Esto me recordó mis días de universidad, cuando muchas veces dejaba mi residencia para estudiar en una biblioteca (otra vez un lugar rodeado por gente). Sentía que era capaz de concentrarme ahí más que al estar sentando en mi habitación.

Así que, al menos para mí, trabajar en un espacio de oficina abierto no fue en realidad mucho problema. Las pocas amistades y conexiones que hice fueron todas gracias al espacio abierto de oficina.

Qué hacer si no te gusta un Espacio Abierto de Oficina

He escuchado y leído que mucha gente tranquila parece enfrentar dificultades en un espacio abierto de oficina. Si eres uno de ellos, entonces la primera mala noticia es que hay muy poco que puedas hacer al respecto.

Ciertamente no te puedes quejar con Recursos Humanos que encuentras molestos los cubículos públicos. Simplemente se te pedirá vivir con eso (bueno esto es el caso con la mayoría de los lugares de trabajo hoy día, con algunas excepciones).

Pero no te preocupes, tengo la solución para ti.

En mi firma legal, el equipo corporativo fue ubicado en el piso 11 pero había muchas salas de juntas destinadas para reuniones con clientes que se encontraban en el piso 8.

Muchas veces haciendo algún trabajo realmente serio como la revisión o prueba de lectura de acuerdos legales, nuestros seniors/equipo de líderes nos pedían movernos a una sala de juntas en el piso 8 donde habían bastante espacio y luz solar y poder trabajar en soledad.

Esto fue una gran bendición disfrazada para algunos de mis colegas que amaban trabajar solos en un espacio tranquilo.

He visto que muchos, de hecho, la mayoría de los lugares de trabajo tienen salas de junta que están vacías la mayoría del tiempo. Así que si odias tu oficina abierta, aquí esta lo que te sugiero debes hacer.

Acércate a tu senior/líder de equipo o a quien sea para quien trabajes y dile que el asunto que estas tratando requiere una cantidad inmensa de concentración y atención y que eres más productivo trabajando solo en un espacio tranquilo (como una sala de juntas) que en tu cubículo.

Estoy seguro que tu líder de equipo no tendrá ningún problema en decir sí.

Esto es lo que yo encontré en mi experiencia personal. Los líderes de equipos (incluso los más irracionales) no tienen ninguna dificultad con esta demanda.

Pero sugiero, ampliamente, que deberías informar a tus líderes de equipo antes de moverte a un espacio tranquilo. De esta manera les ahorrarás problemas si empiezan a buscarte en todas direcciones.

Algunas reuniones con clientes pueden tomar lugar o estar a punto de llevarse a cabo en la sala que elegiste. Ciertamente, no querrás verte de pronto en situación embarazosa mientras los clientes entran y te encuentran sentado ahí.

Lo obvio entonces es pedirle a la recepcionista la disponibilidad de las salas de juntas. La mayoría de ellas son muy amistosas.

Me las arreglé para entablar una amistad con una recepcionista que era tan servicial que incluso a veces se acercaba a mí para alertarme de que el gerente de la firma venía a inspeccionar la sala por lo que era mejor cambiarme a otra.

Trabajar en soledad es posible si haces relaciones sólidas con tus líderes de equipo y otras personas. Esto puede lograrse si interactúas frecuentemente con ellos cara a cara.

Mucha investigación ya hecha ha indicado que los introvertidos pueden ser bastante poderosos en interacciones cara a cara. Jennifer Kahnweiler, autora del libro *Tranquila Influencia: La Guía del Introvertido para Hacer la Diferencia* incluso ha considerado esto como una fortaleza para los influyentes tranquilos. Llama a esta fortaleza como Conversaciones Enfocadas. En su libro, utiliza muchos casos de estudio para ilustrar como diferentes introvertidos han utilizado esta fortaleza efectivamente en varias situaciones.

Déjame empezar por preguntarte algo.

¿Prefieres conversaciones cara a cara que grandes discusiones grupales?

¿Has sentido que forjas relaciones más profundas cuando interactúas con alguien cara a cara que en una gran reunión social?

Piénsalo.

Por mi parte, debo reconocer que el libro de Kahnweiler me hizo introyectar y darme cuenta que estaba utilizando inconscientemente esta fortaleza para fomentar muchas relaciones con mi líder de equipo, colegas, la recepcionista, el encargado de la sección de mercadotecnia, las secretarias, el mensajero, etc.

Te contaré un poco más a detalle como lo hice.

Por qué conocer a la recepcionista siempre ayuda

Algunas personas se comportan de una manera muy insinuante con las recepcionistas y sus secretarias.

En Londres, tome un empleo de verano en una firma legal mediana. El Socio con el que trabajaba salía de su cubículo, hacia comentarios insinuantes e incluso pellizcaba a su secretaria en la parte de atrás, ¡tú sabes dónde!

No estaba seguro si a la secretaria realmente le importaba eso pero yo personalmente me sentiría extremadamente incomodo comportándome de tal manera con las recepcionistas y secretarias.

Podría haber un problema cultural y, por supuesto, la manera en que te comportes con cualquier persona depende mucho de tu relación con ella.

Pero el tipo de comportamiento que vi en Londres puede, más a menudo que nunca, ser tomado de una manera equivocada. Mi consejo: no actúes EXTROVERTIDAMENTE.

Por mi parte, mis relaciones solían ser muy simples y directas. La recepcionista trabajaba en el piso 8 y nosotros en el 11. Ocasionalmente bajaba a la sala de juntas del piso 8 para trabajar solo o para atender reuniones con clientes con mi Senior.

Podía ver a la recepcionista sentada detrás de un escritorio, mirando fijamente la pantalla de la computadora luciendo extremadamente aburrida. Simplemente preguntaba "Hola, ¿estás bien? ¿Pareces bastante aburrida hoy?

Esto inmediatamente la despertaba. Su rostro se iluminaba. Empezaba a hablar sin parar y yo simplemente tenía que permanecer y pretender ser un buen oyente.

Por lo regular respondía así:

"Si, estoy bastante aburrida... no hay mucho que hacer... simplemente llego todos los días a las 9:30 am, juego algo en internet... respondo llamadas telefónicas de clientes y socios molestos... y la recepcionista del Senior es una p**ra..."

Yo preguntaba "¿por qué... que te ha hecho hoy?"

"No le digas... sigue regañándome sin ton ni son... incluso hace extraños comentarios acerca de mi vestido... me ha pedido que no juegue en la computadora... que va en contra de las reglas de la oficina, dice... pero ¿qué hago entonces, escribir largos documentos como ustedes chicos?... Me importa un bledo... Simplemente la dejo quejarse... mientras tenga la oportunidad de jugar o chatear a sus espaldas...", se soltaba de la lengua.

"¡De verdad!" Decía yo.

"Además las cosas no van bien con mi novio", decía.

Me sorprendía cuánta gente estaba dispuesta a compartir sus relaciones personales conmigo.

"¿Qué pasa con tu novio?", tenía que preguntar.

"Recientemente ha comenzado a actuar de manera extraña... no responde mis llamadas..." decía.

"Lamento escuchar eso", era lo más que podía decir.

Las conversaciones duraban apenas 2 minutos. No era que yo hablara con ella todos los días.

De hecho era muy raro. A veces ella venia al piso 11, para hacer algo de ejercicio supongo, y me preguntaba qué estaba haciendo. Y eso era realmente todo.

Pero me di cuenta que incluso al tener tales simples conversaciones mejoró tremendamente mi relación con la recepcionista. A nadie en este mundo le importa cómo se siente una recepcionista. Hacer simples preguntas como "¿Por qué pareces aburrida hoy?" fue un largo camino para hacer que una pobre dama se sintiera como una persona real que alguien había notado.

Para mí, la ventaja a corto plazo fue que una vez que había establecido esta familiaridad, era más fácil preguntar a la recepcionista acerca de la disponibilidad de las salas de juntas o el estado de ánimo de los seniors ese día o ayuda para una reservación urgente, etc.

Mi consejo: Solo haz este simple acercamiento amistoso como prueba. Te sorprenderá cuan servicial y capaz puede ser una recepcionista común.

Cómo Conversar con los Líderes de Equipo

Como he mencionado, mi firma inicialmente no seguía una estructura rígida de equipo.

Muchas veces, trabajé con diferentes equipos involucrando diferentes personas y líderes de equipo para diferentes transacciones.

La mayoría del trabajo que realicé como un Asociado fue 'labor de diligencia' de compañías.

Esto involucraba revisar documentos confidenciales provistos por la Compañía.

La mayoría de estos se relacionaba los negocios de la Compañía e involucraba acuerdos con otros socios comerciales como títulos de propiedad de las oficinas, conformidades bursátiles, licencias tomadas por las empresas, cargos criminales pendientes contra los dueños o administradores de la Compañía, etc.

Así que nuestro empleo era revisar estos documentos, exponer problemas potenciales y enviar un reporte a nuestros clientes.

Dado que todos estos documentos se denominaban 'confidenciales', las compañías solían destinar una sala especial con una pila de estos documentos conocida como el 'cuarto de datos', la mayor parte del tiempo acudíamos a estas salas para revisar los documentos.

La atmosfera aislada de estas salas realmente proveía una excelente oportunidad para construir fuertes relaciones con los líderes de equipo y colegas.

Nuestros equipos por lo regular eran pequeños consistiendo de un líder y 2 o 3 colegas. Personalmente, descubrí que este tamaño de grupo era ideal para tener interacciones cara a cara que iban más allá de la charla trivial que uno esta forzado a tener en grupos más grandes.

Por lo tanto, yo era capaz de desarrollar una muy buena relación con mi senior líder de equipo. Él solía vivir a una distancia considerable de la oficina. Así que prefería llegar a la oficina primero y luego ambos tomábamos un taxi, de la oficina al cuarto de datos.

Durante la jornada, charlábamos continuamente. Me decía como extrañaba la vida universitaria, en demasía, y que si no hubiera sido abogado, hubiera amado ser un profesor.

Realmente era un buen cantante y tuve la oportunidad de escucharlo cantar o tararear e incluso participó en una competencia de canto en su escuela.

También había trabajado en Londres en una prestigiosa firma legal del *Magic Circle*. Recordaba sus días trabajando en Londres. Como yo, realmente disfrutaba los días nublados y fríos en Londres.

Esto puede llegar como una conmoción para muchos de mis amigos británicos en Londres que anhelan un poco de sol. Pero en India tenemos bastante sol, así que un día frío y nublado es bien recibido la mayoría de las veces.

También platicaba acerca de su firma legal hindú anterior donde trabajó insensatas horas por un par de años.

Mencionaba que la Gerente de esa firma estaba casi loco.

Ella había instalado altavoces en la oficina y cada vez que necesitaba reprender a alguien (respecto a archivos fuera de lugar u otra cosa) encendía su micrófono y dejaba que la oficina entera escuchara las amenazas del tipo "la próxima vez que hagas esto, voy a freír tu tras**o.

Esto significaba una advertencia para los otros abogados, que si metían la pata en cualquier lugar, tendrían que estar preparados para enfrentar esta clase de humillación en público.

De este modo, solíamos intercambiar mucha información acerca de temas que iban desde los canales atascados de Londres hasta si los astrólogos pueden predecir tu futuro correctamente.

Mi siguiente líder de equipo fue diametralmente opuesto por naturaleza. Los aprendices nos referíamos a ella como "*Kabadi Rani*" que traducido del hindi, en términos generales, sería algo como 'la Sra. Reina Mete-la-pata' porque tenía el hábito de remarcar y criticar constantemente que sus miembros habían metido la pata (*kadad kar diya*) aquí y allá, mientras que ella solo era Señorita Perfecta.

Ella hacia mucho trabajo de Mercados de Capital y yo tuve algo de interacción muy interesante con ella. Me decía que veía que tenía un gran futuro en los Mercados de Capital porque se suponía que era un sector mordaz y sin encanto donde la competencia de otros abogados era menor.

Confiaba que una vez que ganara algo de experiencia aquí, sería más fácil para ella conseguir un cambio de empleo con otra firma prestigiosa. Me sorprendió cómo algunas personas pueden ser lo bastante habladoras para compartir con completos extraños cosas supuestamente confidenciales.

Una vez le pregunté "has estado haciendo mucho trabajo arduo... ¿crees que obtienes el reconocimiento por este trabajo que haces?

Ella respondía con lágrimas en sus ojos "creo que ya sabes la respuesta... y es NO..."

También mencionaba que las cosas no estaban bien con su mamá que solía enfermarse muchísimo.

Así que, tenía que dejar la oficina temprano, cuidar de su mamá, cocinar en casa, etc.

Ella era soltera y su familia todavía tenía que encontrarle un marido adecuado. Así que la vida no era tan justa.

Mirando desde su punto de vista, en realidad me sentía bastante mal por ella.

Pensé que habíamos llegado a ser buenos amigos hasta que me enteré que me traicionó.

Pero llegaré a eso un poco tarde.

Bueno, mi punto es que no veo razón del por qué los introvertidos no puedan fomentar relaciones profundas con sus jefes, muchos de los cuales serían introvertidos.

De hecho, creo que los introvertidos encuentran temas, desde problemas personales y cambios de empleo hasta problemas metafísicos y psicológicos complejos, más interesantes y excitantes que una pequeña plática acerca del clima.

Al menos esto es cierto en mí. Tú puedes llegar a tus propias conclusiones. Pero encuentra las oportunidades de conversaciones cara a cara en tu lugar de trabajo y apuesto que surgirán muchos temas que podrás disfrutar.

Hasta cierto punto, un diseño de espacio de oficina abierta ayuda a tener interacciones casuales con los colegas. Cada vez que sentía ganas de tomar un descanso, me levantaba de mi escritorio y me movía al cubículo de alguien más para tener una charla casual.

A veces las personas se disculpaban que estaban realmente ocupadas manejando un proyecto y que hablarían más tarde conmigo, lo cual estaba bien.

Sin embargo, un espacio de oficina abierto te posibilita a moverte de un lugar a otro y platicar sin alzar mucho la ceja. También era fácil para mis colegas llegar a corresponder mis gestos para romper el hielo.

Este proceso hubiera llegado a ser extremadamente difícil y formal si todos tuvieran una sala propia.

Esto significaba que tendrías que tocar u preguntar "Puedo pasar" antes de entrar.

Creo que esto puede hacer casi imposible el encuentro casual y amistoso y más para los introvertidos como yo que duda meterse a los 'espacios privados' de otra persona.

Un diseño de espacio de oficina abierta, por lo tanto, no es una pesadilla, como está hecho, para autores como Susan Cain. Si, el trabajo extremadamente creativo sufre para lo cual mi 'truco de sala de conferencia' tendrá que ser liberado.

Pero para un trabajo de rutina en tu escritorio, con charlas casuales y chachareo amistoso de vez en cuando, no hay castigo para una atmosfera alegre, ligera y abierta en un espacio de oficina abierto. Los introvertidos también necesitan socializar y las oficinas abiertas les dan una oportunidad para hacerlo, lo cual es simplemente grandioso.

Solo asegúrate de hacerlo dentro de los límites para que no causes a un ceño fruncido de tus jefes.

Donde Pueden Ayudar las Secretarias

Otra ventaja del sistema de oficina abierta, en mi caso, fue que te permite desarrollar relaciones personales con las secretarias.

En mi firma, cada Socio tenía una secretaria. La mayoría de ellas podía ayudarte con cosas como fotocopiar y compilar reportes y en la impresión de cartas en hojas membretadas.

Sin embargo cuando los Socios no estaban en la oficina, la mayoría de ellas pretendían estar muy ocupadas. Llegar a ellos directamente simplemente no funcionaba.

En mi caso, tuve suerte de hacer muy buenas relaciones con una de las secretarias que trabajaba para el Socio de Mercados de Capital. Disfrutaba charla con alguien. Muchas veces llegaban a mi escritorio para una charla. Lo interesante era que el no creía en la charla trivial de rutina, en lugar de eso sus discusiones eran de tipo psicológicas profundas.

Decía cosas como que estaba leyendo sobre el "Libro Tibetano de la Muerte".

Como había estudiado Filosofía, no tenía problema en tener discusiones acerca de la "vida después de la muerte" o algo similar. Creo que estas son la clase de discusiones intensas que muchos introvertidos disfrutan.

Una vez, esta secretaria vio una cita en el escritorio de alguien más, la cual decía algo como:

"La experiencia es la manera amarga en que aprendo las cosas".

Entonces el Socio empezó a tener una discusión acerca de este tema. "¿Por qué la experiencia necesitaba ser amarga?... ¿Qué realmente quería decir la cita?", preguntaba.

Pudimos tener una extensa discusión sobre el tema. El resultado fue que desarrollamos alguna clase de vinculo el cual yo utilizaba si necesitaba fotocopiar algo, etc.

Sin embargo, intenta hacerlo a tu manera.

Haz conexiones con gente en la manera que quieras.

Si crees que eres un introvertido, entonces debes saber que tienes el don de tener conversaciones enfocadas.

Utilízalo a tu conveniencia.

No dejes que un espacio de oficina abierto afecte tu productividad y tus relaciones.

Si no te gusta la charla trivial, no dejes que te moleste. Descubrirás bastantes maneras de encontrar temas que te interesen.

No busques la oportunidad. Deja que ella llegue a tu camino.

En ocasiones, puede que tengas que esperar el momento correcto, pero por favor ten por seguro que ese momento eventualmente llegará.

Aún recuerdo el día que dejé la firma. Me despedí de todos con quienes forjé toda clase de relación.

Me sorprendió descubrir que mucha gente se puso emotiva.

Esto fue cuando pensé que a nadie le importaba mi existencia.

Pero, en realidad, la gente parecía que le importaba y me dijeron que iban a extrañarme muchísimo.

Otras Maneras de Trabajar en Oficinas Abiertas

Leí que algunas compañías están elaborando planes de oficina abierta flexibles con sencillas estaciones de trabajo, lugares tranquilos, cafés, salas de lectura y espacios donde la gente puede interactuar fácilmente con otros.

Supongo que esas compañías ya están reconociendo la importancia de trabajar en soledad y respetando las necesidades tanto de los introvertidos como de los extrovertidos.

Microsoft® se supone que es un ejemplo de ello. Entiendo (del libro de Susan Cain Quiet: El Poder de los Introvertidos en un Mundo Incapaz de Callarse) que ésta compañía ha diseñado sus oficinas de tal manera que los empleados pueden utilizar paredes movibles y puertas corredizas para colaborar como y cuando quieran y crear su propio espacio privado cuando necesitan enfocare en un trabajo en solitario.

La disponibilidad de tales facilidades puede ser un importante punto de vista cuando se solicita un empleo.

Sin embargo muy pocas compañías entienden las necesidades de los introvertidos.

Así que no hay opción sino explorar lo que funciona con tu cultura de oficina.

¿Está bien trabajar en una biblioteca o en un cuarto de lectura o desde una sala de conferencias?

O, como Sophia Dembling sugiere, utilizar audífonos para escuchar música si eso funciona mejor.

Encuentra lo que funciona mejor en tu cultura laboral y estoy seguro que encontrarás una salida.

Moraleja de la Historia

Es muy probable que en la oficina que trabajas tenga espacios de oficina abiertos. La mayoría de las veces, no hay nada que puedas hacer al respecto. Sin embargo puedes intentar utilizar el diseño de espacio abierto a tu conveniencia.

Tienes los poderes para formar relaciones con vínculos profundos con tus colegas, jefes, secretarias y recepcionistas. Utiliza interacciones cara a cara para tomar confianza con tus jefes/líderes de equipo y decirles por qué en ciertos momentos necesitas trabajar en soledad para obtener mejores resultados.

Localiza espacios tranquilos en tu oficina. Podría ser una sala de conferencias vacía o una biblioteca. Utiliza esos espacios donde es menos probable que seas interrumpido cuando desees hacer algo productivo.

Ya sea que la oficina tenga un plan flexible de espacio abierto o no, puede ser útil para determinar si deberías aplicar para un empleo ahí.

Al final, si nada funciona y a tu supervisor no le importa, ponte unos audífonos y escucha música.

Así que encuentra lo que funcione mejor en la cultura laboral de tu lugar de trabajo e intenta desarrollarlo.

Capítulo 3: Estas Hecho Para Trabajar Largas Horas

PENSÉ QUE DISFRUTABA mi empleo. Tenía la capacidad de exponer problemas potenciales, tenía decentes habilidades de escritura (alguno dijo que eran grandiosas), tenía ojo para los detalles, todas cualidades que pueden contribuir a que cualquiera sea un excepcional abogado corporativo.

No todo fue producto de mi imaginación sino que fui genuinamente alabado por los Socios. Amaba emprender 'aburridos' y prolongados ejercicios de 'labor de diligencia'. Me gustaba, genuinamente, analizar acuerdos y tomar nota de los problemas potenciales. Disfrutaba revisar las conformidades bursátiles. Me divertía escribir reportes, memos y opiniones para los clientes.

Entonces ¿qué es lo que realmente me aterró?

La respuesta: Trabajar Insanamente Largas Horas.

De mis días universitarios, había escuchado que los abogados corporativos pasaban largas horas en la noche trabajando en transacciones corporativas complejas y estructurando acuerdos. Esto solía desconcertarme un poco pero luego pensaba por qué era tan paranoico, cruzaré el puente cuando llegue a ello.

Sin embargo, cuando empecé a trabajar y a experimentar, de primera mano, las largas horas de trabajo, ¡me di cuenta que me estaba cobrando un pesado precio, ¡físicamente! Me estaba volviendo más y más propenso a tomar días de licencia por estar en cama por fiebre. Hacia el final de mi carrera, empecé a tener terribles dolores de espalda.

Solía sentirme cansado y mermado. Inclusive no tenía tiempo para hacer ejercicio, como las firmas hindúes, a diferencia de sus contrapartes occidentales, no proveen ninguna facilidad alrededor de los lugares de trabajo. Algunos días los niveles de estrés eran tan malos que sentía que iba a tener un colapso mental.

Estaba ciertamente agotado.

No era que estuviéramos trabajando todo el tiempo en cumplir los plazos presionando a los clientes. La gente solía permanecer en la oficina incluso cuando apenas había trabajo.

Esto era la peor parte. Algunos de nuestros Seniors llegaban tarde a trabajar casi alrededor del mediodía y luego se quedaban hasta tarde.

La razón era una política de oficina no explícita que decía que estaba bien llegar tarde al trabajo si te quedabas insanas horas más tarde en la noche. La idea era ser tanto benevolente como flexible. Aquellos abogados que estaban trabajando horas tarde en la noche podrían ir a la cama, poniéndose al día con algo de sueño y después regresar al trabajo en la tarde.

Pero esto se convirtió en una práctica común incluso cuando no había presión.

Los socios también estaban bien con los abogados que se comportaban de esta manera. Llegar tarde a la oficina era excusado si tú decidías permanecer tarde por la noche.

Lo contrario, desafortunadamente, no era cierto. Irse a las 6:30 pm no era aceptable incluso si hubieras checado a las 9:30 am y finalizado tu trabajo a tiempo.

Me preguntaba por qué, y solo hasta ahora he aprendido los verdaderos motivos.

En aquel tiempo, me hicieron sentir culpable acerca de contribuir con 'bastante' horas. Mi Socio de Mercados de Capital me decía que necesitaba incrementar "mi resistencia al trabajo".

Pensé que algo realmente estaba mal conmigo. Fue solo un par de años más tarde que descubrí la razón de mi sentimiento tan fatigado después de largas horas de trabajo. Agradezco tanto a Susan Cain como a Jennifer Kahnweiler por explicarme la razón en sus libros.

Básicamente un introvertido requiere un receso tranquilo para rejuvenecer. Esto es lo que Susan Cain llama un "nicho regenerador" y Jennifer Kahnweiler lo llama un "Momento Tranquilo". Este receso tranquilo podría significar cualquier cosa. Podría ser un lugar físico a donde ir donde regreses a tu verdadero yo o un lugar temporal como cuando meditas.

Los introvertidos pueden realmente sufrir de cansancio físico si no toman estos 'recesos tranquilos'.

Susan da dos ejemplos en su libro. Habla acerca de un profesor que sufría de neumonía doble después de una vida docente abrumadora con conferencias, escritura de referencias para los alumnos, etc.

El segundo ejemplo que da es el Senador Al Gore, el célebre ganador del Premio Novel por su documental "La Inconveniente Verdad", quien como un introvertido auto confeso, enfermaba si trabajaba en exceso.

Cómo aplica esto en mí

En mis días en la firma legal, me había dado cuenta que era capaz de recargar si dejaba la oficina a las 7 pm, iba a casa, lavaba mi cara, cambiaba mi ropa y cenaba. Solo después de esto me sentía bastante rejuvenecido para terminar mi proyecto de trabajo.

Esto era aparentemente mi receso tranquilo o mi nicho regenerador.

Si esto se me negaba por cualquier razón, entonces me sentía mermado. Así que, decidí compensar cumpliendo todos los plazos, incluso si significaba llegar a las 9:30 am y comenzar mi trabajo mientras mis colegas continuaban llegando a la hora que les complacía.

No participaba en prolongadas sesiones de chisme o tomaba recesos. Por lo general, trabajar 8 horas seguidas era bastante para mí para completar todo mi trabajo pendiente.

Por supuesto, hubo días en que tuve que ceder. Así que, solía llevar mi trabajo a casa. Me refrescaba y entonces otra vez trabajaba desde mi casa hasta completar mi proyecto de trabajo hasta la 11 pm o más.

Debo decirte algo. No es solo cosa de un introvertido estar mermado después de largas horas de trabajo.

Mis colegas extrovertidos también solían sufrir de manera similar. Una chica extrovertida que solía sentarse junto a mi cubículo también sentía lo mismo que yo pero por una razón muy diferente a la mía.

Ella necesitaba socializar con su novio, hacer compras o tener fiestas después de las horas de oficina para recargarse. Así que, las horas prolongadas de trabajo son malas para todos. Extrovertidos, introvertidos, hombres, mujeres, socios, seniors, asociados o cualquier otro estrato.

De todas formas para mí, trabajar desde casa después de las horas de oficina parecía ser la perfecta solución.

Acuerdo con los Seniors para Trabajar Desde Casa

En nuestra firma, nos entregaron computadoras portátiles y tarjetas de datos (para tener acceso a internet) así que podíamos operar desde cualquier lugar. No trabajábamos en escritorios.

Las computadoras portátiles eran más fáciles de llevar a las salas de conferencias y a las oficinas de los clientes para propósitos de las reuniones. También eran más resistentes y podían aguantar condiciones de polvo, fluctuaciones de electricidad y apagones mucho más que las computadoras de escritorio.

Algunos de los seniors con los que trabajaba eran bastantes sensibles para entender que yo era más productivo desde casa que en la oficina, después de las horas de oficina. Uno de los líderes de mi equipo incluso me alentaba para dejar la oficina a las 7 pm y mandarme documentos por correo electrónico en la noche.

Esto funcionaba bien para mí. Podía regresar a casa a las 7:30 pm, refrescarme, cenar y luego trabaja otra vez en la computadora de la oficina que solía llevar a casa. Así podía tener mi "nicho regenerador" la mayoría del tiempo.

Había otros días cuando el equipo completo trasnochaba. Así que tenía que trasnochar también pero eso significaba que podía tomarlo con calma cuando la presión de la transacción desaparecía.

No solo era yo quien estaba ejerciendo esta opción. Mi amiga extrovertido, quien mencione anteriormente, también solía negociar 'tratos' similares con su senior.

Esto le permitía dejar la oficina a las 7 pm, paras la noche fuera con su novio y finalmente trabajar tarde en la noche desde su casa. Esto también significaba que podía llegar tarde a la oficina porque tenía una excusa de trabajar tarde.

Así que si odias trabajar horas tarde, esto podría ser una posible solución para ti.

Ya seas un extrovertido o un introvertido, puede hacer una enorme diferencia su puede confiar en tus seniors. Diles cómo puedes ser más productivo incluso desde casa.

Asumo que tus seniors podrán estar de acuerdo si solo les aseguras que cumplirás todos los plazos. Una vez que esto funcione, tú sabrás lo que haces. No hace falta decir que debes entonces apegarte a los plazos. No puedes tener ambas: dejar la oficina temprano y también perder importantes plazos.

Esto fue un alivio temporal para mí. Algunos de los seniors con los que trabajaba no lo entendían del todo.

Uno de los otros chicos con el que trabajaba era bastante irracional. Mis encuentros con este 'caballero' al cual me refiero como 'Sr. Tarde Adictoalanoche" ya lo he narrado al principio del libro en "Déjame Contarte Otra Historia..."

Aunque en esa 'historia' tenía lo mejor del Sr. Tarde Adictoalanoche, pero como pronto se va descubriendo, lo posterior fue realmente lo bastante correcto acerca de la ética que prevalece en la mayoría de los lugares de trabajo.

Concepto de Compromiso Atado a Largas Horas de Trabajo

Afortunadamente, tuve algún privilegio de investigación acerca de esta cuestión para una de mis disertaciones durante los días universitarios en Londres. Mi enfoque fue sobre la industria legal. Pero también descubrí este concepto aplicando en la mayoría de otras industrias.

Como sabes (o no), un abogado corporativo cobra a sus cliente por hora. Mientras mayor sea el número de horas establecidas, mayor será el pago. Como dice la broma, ¡un abogado corporativo habrá inflado sus pagos tanto que cuando el muera y vaya al cielo, su edad en términos de sus pagos será registrado como 120 años!

De cualquier forma, el punto es que si la generación de ingresos está ligada a las horas facturables, entonces es bastante obvio esperar que tu desempeño también sea ligado al número de horas establecidas.

Los bonos al final del año son entonces calculados con base en esas horas.

La naturaleza de las transacciones corporativas es tal que los abogados corporativos terminan sus horas de largo trabajo y a veces por días sin ningún descanso. Pero esto no sucede a diario.

La mayoría de los días son normales y existen solo ciertos momentos cuando las horas de trabajo tendrían que ser largas.

El problema, sin embargo, es que trabajar largas horas es prontamente visto como algo heroico, para ser imitado por todos.

Incluso en días cuando no hay presión, trabajar horas tarde, puede convertirse en una norma socialmente esperada o un punto de referencia de la práctica legal. Sabía de muchos Asociados y Seniors en mi firma que deliberadamente empezaban tarde en las mañanas así que podrían permanecer hasta tarde en la noche para probar que estaban trabajando duro.

Dormir menos significa que tu salud a largo plazo se verá adversamente afectada. Esto, sin embargo, es visto como una práctica heroica porque entonces eres alguien que está dispuesto a arriesgar su vida por el bienestar de la firma.

Suena tan noble ¿no es así?

En el Occidente, trabajar tarde es un poco entendible pues muchas firmas internacionales trabajan en contratos internacionales que cruzan diferentes zonas horarias. Así que, si el contrato se cierra en Hong Kong por la tarde, puedes permanecer hasta tarde en Nueva York conectado por medio de una videoconferencia.

En India, es un poco diferente. La mayoría de los clientes hindúes son muy tacaños cuando se trata de pagar abogados. Prefieren pagar una suma global en lugar de horas facturables. La mayoría de los contractos que hacíamos eran nacionales y no cruzaban zonas horarias. Así que, no había lógica para trabajar tarde.

La parte más divertida fue que en la India la gente empezaba tarde, alrededor del mediodía y terminaba en la noche. El número de horas establecidas por alguien que trabajaba de 9 am – 7 pm y de 12 del mediodía – 10 pm es el mismo.

Además, tú podías ser notado solamente con base en cuanto permanecías en la oficina en lugar de cuán temprano llegabas a ella (porque presumiblemente la gente llegaba tarde y no notaban que tú ya estabas en la oficina).

Este es el punto acerca del compromiso. Si estas dedicando la mayoría de tu tiempo en la oficina, entonces eres un trabajador 'comprometido'.

Pero, ¿Cuánto es la "mayoría del tiempo" calculado? Si la gente te ve sentado en la oficina hasta tarde, entonces estás pasando la mayoría de tu tiempo en la oficina. ¡No importa a qué hora hayas llegado!

Si argumentas que la calidad de horas es más importante que la cantidad o como mantener un balance trabajo-vida también es importante, entonces seria visto como aburrido, afeminado o cobarde.

Entonces Mis Problemas en una Cáscara de Nuez

Incluso cuando había terminado todos mis proyectos en tiempo y por arriba de la calidad esperada, la percepción 'popular' era que no me quedaba hasta tarde. Mi 'acuerdo' con algunos seniors para trabajar desde casa después de las horas de oficina no tenía efecto. El veredicto seguía siendo que no estaba comprometido con el trabajo.

El diseño de oficina abierta también añadía dificultad.

Me iba a tiempo y trabajaba desde casa mientras mis colegas (trabajando con diferentes equipos y en diferentes proyectos) permanecían sentados hasta tarde en la oficina.

Es muy fácil notar en una oficina abierta quién llega y se va a qué hora.

A algunos no les gustaba eso. Otros incluso fueron a quejarse a Recursos Humanos.

Me sorprendió un día descubrir una llamada de una mujer de Recursos Humanos pidiéndome que acudiera en persona.

Me dijo que algunos colegas (no dijo sus nombres, por supuesto) se habían quejado de que me iba temprano mientras otros estaban sobrecargados de trabajo.

¿Hay problema en que yo trabaje hasta tarde? Ella pensó que yo probablemente tenía algunos compromisos familiares, una madre enferma que cuidar, etc.

Fui honesto con ella y le dije que era más productivo desde casa durante la noche y que estaba tan cargado de trabajo como mis otros colegas.

– ¿Ha habido alguna queja al respecto de completar mis tareas en tiempo o ha padecido la calidad del trabajo? – Argumenté a Recursos Humanos.

–No, en realidad estás considerado un trabajador muy responsable. Tus seniors me han dicho que has cumplido con todos tus plazos. Se sienten muy relajados de saber que cualquier documento que te es entregado, llega a su bandeja de entrada exactamente en tiempo y con buena calidad – la mujer de Recursos Humanos respondió.

–Así que no es más importante la calidad que dónde y cuándo trabajo – dije.

–Pero nadie entenderá esto. La gente trabaja (se sienta) hasta tarde y espera que tú estés por ahi. En otras firmas también, la gente trabaja hasta tarde. Este es un fenómeno mundial. Esto no será bueno para tu carrera a largo plazo – la mujer de Recursos Humanos me advirtió.

Así que ahí tienes. Largas horas de trabajo equivalen a compromiso, el cual se traduce a una carrera exitosa.

Problemas con el Sr. Tarde Adictoalanoche

Una advertencia de Recursos Humanos no era solo el problema. De hecho no fue considerado serio. Otros también fueron advertidos.

Una ocasión escuché a uno de mis amigos introvertidos hablar de alguien más acerca de esto y otra persona respondió que esto es un procedimiento estándar de Recursos Humanos. Nada serio.

Así que me sentí aliviado de que no era el único.

El Sr. Tarde Adictoalanoche parecía ser un problema más grande no solo para mí sino para otros también.

Forzaba a sus aprendices a permanecer hasta tarde en la oficina incluso cuando había un respiro (el cual es usualmente entre Navidad y la Noche de Año Nuevo).

Era el centro del chisme de oficina del cual está consciente pero no parecía importarle. Escuché a una de mis colegas quejarse de como él la hizo reformatear una presentación de power point 20 veces hasta que se dio por vencida y se vio ocupada en alguna otra transacción significativa.

Esto suena como una broma pero realmente sucedió. ¡Pobre chica!

Muchos de mis otros amigos también se quejaron con el Gerente de las transacciones del Sr. Tarde Adictoalanoche.

Mis amigos eran muy extrovertidos y muy francos en defender sus derechos. Argumentaban enérgicamente que el Sr. Tarde Adictoalanoche los hacía permanecer hasta tarde en la noche sin ningún trabajo. No había productividad. Nada que hacer. Además su vida social estaba siendo afectada.

Este fue de hecho un argumento muy poderoso. Afortunadamente, el Gerente estaba de lado de mis amigos y no del Sr. Tarde Adictoalanoche.

Había otro problema con el Sr. Tarde Adictoalanoche. Aunque el permanecía hasta tarde, se hacía tonto en muchas ocasiones.

Los plazos no se alcanzaban lo cual hacía enfurecer a los clientes. Documentos erróneos eran envidos a los clientes lo cual causaba más vergüenza.

Así que, el Sr. Tarde Adictoalanoche no disfrutaba de una opinión muy favorable entre los Gerentes.

¡Otro argumento que prueba que trabajar largas horas no necesariamente se convierte en alta productividad!

Ahora llegando a mis problemas con el Sr. Tarde Adictoalanoche, él tenía esta cosa torcida en su mente que no dejaba a nadie ir a casa después de las horas de oficina, automáticamente.

Trabajaba con él ocasionalmente, afortunadamente. Pero mi experiencia fue terrible. La mayoría de las veces solía imponer falsos plazos. Lloraba como lobo y hacia parecer las cosas absolutamente urgentes mientras que el asunto ya estaba muerto o ya no era importante.

Ya he narrado la historia completa y como se solucionó de una manera extraña. Pero ¿aprendimos algunas lecciones de esta experiencia?

Lecciones a Aprender

Escribir un correo electrónico a una alta autoridad quejándote acerca de tu senior no es la mejor opción a ejercer. De hecho la mayoría de las veces no es recomendable. Yo mismo apoyo este punto.

Los conflictos en un lugar de trabajo están destinados a suceder. Pero no debes disparar un correo electrónico repentinamente a tus jefes en una explosión de ira. Esto puede hacerte más daño que bien. También puede dañar significativamente tu reputación.

Sé de una persona que tenía un desacuerdo con su jefe y entonces mandó un correo electrónico agrediendo y amenazando a su jefe, copiando a la oficina entera y a oficinas de otras ciudades.

El resultado: no solo perdió su trabajo sino que su jefe anterior se aseguró de que no volviera a trabajar en la industria nunca más.

Así que la primera lección es que si vas a enviar un correo electrónico, hazlo muy, muy cuidadosamente y de una manera fría y calculada.

Incluso en mi caso enviar un correo electrónico no fue la primera opción. Lo utilicé como un último recurso.

Intenté hablar acerca de mis problemas con el Gerente inicialmente pero no funcionó porque él estaba extremadamente ocupado.

Tampoco envié el diario de eventos que llevaba sin ninguna provocación. Eso seguramente hubiera empeorado las cosas.

Creo que el momento justo funcionó a mi favor. Hubiera perdido mi trabajo pero al menos en este caso, el correo electrónico funciono bien.

La sorpresa consistió en que el correo fue un golpe para la reputación del Sr. Tarde Adictoalanoche. Incluso más que los que mis amigos extrovertidos habían hecho antes de mí. Pues mis amigos extrovertidos se habían quejado antes, el Gerente estaba consciente de la actitud abusiva del Sr. Tarde Adictoalanoche. Así que esto ayudó en mi caso.

Mi mensaje: Utiliza el correo electrónico con cuidado. Ejercerlo correctamente podría ser la más grande fortaleza que tenemos los introvertidos.

Utilízalo incorrectamente y puede ser nuestra más grande carga.

Moraleja de la Historia

¿Odias tu empleo por las largas horas de trabajo?

Si la respuesta es sí, entonces necesitas considerar unas cuantas preguntas para ti mismo.

¿Qué es lo que realmente odias? ¿Es el empleo como tal o las largas horas de trabajo?

Necesitas pensar acerca de esto porque la respuesta no va a ser simple.

Inicialmente pensaba que amaba mi empleo pero me disgustaba estar sentado hasta tarde. Después cuando ambas cuestiones se mezclaban, me di cuenta que no disfrutaba mi empleo como había pensado.

El Derecho Corporativo es todo acerca de ayudar a las compañías a crecer más, tanto a través de adquisiciones de otros negocios, como cotizar en la bolsa de valores o entrar en acuerdos con otra compañía. No había nada realmente noble o altruista pero alguien tenía que hacer este trabajo. Tampoco me importaba hacerlo pero no creí que valiera la pena arriesgar mi salud y mi estructura mental en el proceso.

Así que si amas tu empleo pero odias trabajar largas horas, puedes considerar alguna de estas soluciones con sus pros y contras asociados:

Llega a un acuerdo con tus seniors: Siempre puedes llegar a un acuerdo con tus superiores para la extensión de los plazos o trabajar desde casa. Es muy efectico y la mejor solución a mayoría de las veces. La desventaja es que todo esto depende de tu cultura laboral. Muchas oficinas han introducido oficialmente tiempos flexibles de trabajo pero en privado se menosprecia como una práctica.

Llegar a un acuerdo puede ser difícil con algunos seniors. Si es así, entonces trata de cambiar tu equipo o intenta trabajar con alguien con quien puedas hacerlo efectivamente (si es posible).

Juega con las reglas de la oficina.

¿Cómo puedes cambiar tu equipo?

¿Qué argumento posiblemente puedes poner delante para tener un equipo cambiado?

Apela a una alta autoridad solo cuando se requiera.

Adaptarse a la cultura de la oficina: Muchos de mis colegas odiaban trabajar largas horas pero fácilmente se adaptaban a lo que se esperaba de ellos. La mayoría andaban por ahí incluso cuando era tarde porque eso era la norma oficial.

También me dieron un consejo similar en Recursos Humanos para adaptarme. Intenté adaptarme a esta cultura laboral pero no puede aguantarlo por mucho tiempo.

Supongo que puedes pretender ser alguien que no eres a corto plazo. A largo plazo tendrías que pensar en algo más.

Piensa en un cambio de empleo: Si trabajar largas horas en la cultura en tu lugar de trabajo y lo odias, entonces debes pensar en un cambio de empleo. Consigue uno donde los tiempos sean flexibles o fijos del tipo rutinario de 9-5.

El problema es que puedes terminar en un lugar de trabajo en el cual su anuncio en línea diga que son flexibles acerca de las horas de trabajo pero en la práctica hacen exactamente lo contrario.

O puedes terminar en un empleo de 9-5 donde puedes sentir que no estas creciendo.

Si te das cuenta que no te gusta tu trabajo entonces considera lo siguiente:

¿Qué quieres realmente hacer en tu vida?

¿Cuáles son tus pasatiempos?

¿Cuáles son tus pasiones?

Me di cuenta que practicar derecho corporativo me convirtió en una persona que no quería ser.

Intelectualmente el gusto por el derecho es una cosa mientras que la práctica del derecho corporativo representando a grandes clientes es bastante diferente.

La vida es muy corta.

No me gustó la naturaleza estresante de un empleo, lidiar con jefes como el Sr. Tarde Adictoalanoche y la Sra. Reina Mete-la-pata (viene en los últimos capítulos).

Me considero una persona creativa, un artista.

Mi energía es mejor utilizada en la escritura de la clase de libros que me gustan y espero tocar las vidas de la gente a través de la palabra.

Sentía que mi energía estaba siendo desperdiciada llevando innecesarios diarios acerca de mis irracionales jefes.

Ahora soy oficialmente un escritor.

Escribo libros y ni siquiera me importa escribir loa sábados y los domingos.

Sé que me molestaba si el Sr. Tarde Adictoalanoche me tenía sentado en la oficina durante los fines de semana pero ahora no me molesta.

No necesito preocuparme por estar sentado más tarde en la oficina.

Escribo cuando tengo ganas de escribir.

Tengo mi propia disciplina sin ningún Sr. Tarde Adictoalanoche intentando manejar mi tiempo.

Estoy siguiendo mi pasión.

¿Podría ser que también pienses lo mismo?

Sé fiel a ti mismo, tanto como sea posible.

Capítulo 4: Tratando con Colegas y Socializando

MI PRIMER DÍA EN EL Trabajo

Me uní a mi firma a finales de noviembre de 2009. Recursos Humanos me llevó a un recorrido por la oficina. Me mostraron varios departamentos. Conocí a todos los Socios Corporativos excepto al Gerente (porque ya me había entrevistado). Me mostraron mi lugar y me presentaron a mis colegas en el equipo Corporativo.

Todo parecía desconocido, desde mi escritorio hasta la gente que me rodeaba. Antes de llegar ahí, había pasado cuatro años en Londres. Hice algunos muy buenos amigos allá. Estaba acostumbrado a ver las caras de mis amigos en Londres.

Había solo cinco Asociados incluyéndome en el nivel A-1. Compartía un cubículo con tres de ellos, dos chicos y una chica.

Lo interesante era que los tres veníamos de la misma ciudad y habíamos estudiado juntos en la misma Universidad en Pune.

La chica era una verdadera reina del chisme. Era una chica delgada, alegre, locuaz y parlanchina. Sin embargo, había algo más en ella.

Era tan astuta cono un zorro. Era muy versada con el sistema de la oficina y, de hecho, muy manipuladora. Sabía cómo escapar de las circunstancias difíciles y desaparecer sin dejar rastro. Sabía qué excusas utilizar, en qué momento y de quién ganar el máximo beneficio.

Me recordaba a un personaje del libro de Ruskin Bond, *Susanna's Seven Husbands*. Mis amigos occidentales puede que no estén familiarizados con este libro. Así que déjame explicarte la historia en unas cuantas palabras.

La historia es acerca de una dama rica que se casó seis veces y asesinó a todos sus esposos en graciosas circunstancias sin dejar rastro alguno.

Un libro así es una comedia de humor negro. La dama hizo que pareciera que los esposos o se suicidaron o murieron accidentalmente. Solo sospechas había de que Susanna estaba detrás de esto suponiendo de las circunstancias que llevaron a las muertes de sus esposos.

Su versión cinematográfica fue realizada en 2011 y créeme, nuestra reina del chisme amaba la película. Así que un día, a manera de broma la llamé Sra. Susanna. La broma fue bien recibida y todo el mundo estallaba en risas.

– Está bien, pero no voy a ser una con siete esposos, lo prometo – contestaba en una forma deportiva.

Sin embargo, déjame llamarla Susanna para este libro.

Siendo un introvertido me tomó algo de tiempo romper el hielo con mis nuevos colegas. Pero nuestra Susanna tampoco sufría ningún remordimiento. Ella iba a extraordinarios extremos para excluirme deliberadamente de todas sus discusiones. Solíamos sentarnos en la misma oficina. Cada vez que iba a chismorrear, constantemente se refería a sus amigos universitarios como "nosotros tres".

"Nosotros tres somos tan buenos amigos."

"Nosotros tres deberíamos salir juntos."

"Nosotros tres deberíamos salir a comer juntos."

"Nosotros tres deberíamos asistir a fiestas de cumpleaños juntos."

"Nosotros tres deberíamos hacer esto."

"Nosotros tres deberíamos hacer aquello."

Sus conversaciones de "Nosotros tres" empezaron a disgustar.

Cada vez que trataba de unirme a la conversación, me ignoraba intencionalmente.

Las noches de viernes, cuando ella quería salir con sus amigos, ni siquiera me preguntaba si quería acompañarlos.

Estaba cansado las noches del viernes y no tenía energía para socializar después del trabajo, así que me mantenía tranquilo y no protestaba de por qué no me habían invitado.

Otro rasgo introvertido. Solía sentirme muy extraño acerca de la pérdida de energía después de socializar mientras mis otros colegas realmente se recargaban.

Después, cuando leí el libro de Susan Cain me di cuenta que los introvertidos pierden energía cuando socializan, especialmente en grandes cenas, y se recargan cuando pasan tiempo a solas. Ahora, mis días en la firma legal tienen tanto sentido para mí.

Trabajar largas horas era otra cosa que solía mermar mis niveles de energía.

Así que, para compensar, empecé a llegar a las 9:15 am en punto, hacer todo mi trabajo para las 6:30 pm e irme.

Esto significaba que no tomaba ningún receso entre socializar o chismorrear con mis colegas.

Solo quería terminar con mi trabajo.

Creo que también estaba demasiado incómodo para chismorrear asimilando que mis palabras podrían esparcirse fácilmente más allá de los límites y llegar a los oídos de mis jefes, una situación que quería evitar a toda costa. En cualquier caso, no soy la clase de persona que comparte sus sentimientos personales fácilmente con extraños.

Por unos cuantos meses, sentí que estaba sin amigos. Puede ser que mis amigos también me veían como un reservado o presumido, un hecho que no puedo confirmar por supuesto.

Quería ser amigo de todos y estaba abierto a hacer nuevas relaciones. Pero supongo que no mostré esa emoción. Un problema común para los introvertidos.

¿Poco sabía que todo iba a cambiar pronto? Las circunstancias simplemente hicieron que sucediera.

La Llegada de Mel-B

Dentro de unos meses, uno de los chicos que trabajaba con nosotros nos dejó por otra firma. En su lugar, una chica se unió desde otra prestigiosa firma legal hindú.

El primer día que la vi, a mi parecer se asemejaba a Melanie Brown, la celebridad popularmente conocida como Mel-B. Con cabello largo, ligeramente trigueña, cuerpo delgado, tacones, vestía como si fuera una modelo famosa.

Solía entrar a la oficina caminado como en una pasarela.

Vestía una blusa que exponía su espalda y su ombligo. Algunos días vestía un sari y otros el usual atuendo occidental. Había ganado una reputación por mostrar mucha piel.

No sé si consiguió una advertencia de Recursos Humanos al respecto de su vestimenta pero tenía una actitud de "no me importa". En este libro, me gustaría referirme a ella como Mel-B.

Solía sentarse junto a mí. Podría decir que desde el principio tuvo un tiempo difícil en su anterior firma conocida por terribles horas de trabajo.

¿Fue mi poder de observación o su lenguaje corporal? Aunque muy consciente de la moda, aún podía ver su sonrisa. Lucia muy frustrada, destrozada y reprimida por la ira.

Intenté entablar una conversación con ella para hacerla sentir cómoda en un nuevo trabajo (lo cual fue bastante diferente de cómo mis colegas me trataron para hacerme sentir cómodo en un nuevo trabajo) pero ella no dijo mucho excepto por algunas respuestas como "aja", "si" "no, gracias".

En muchas ocasiones, se tornaba muy grosera.

–PERDÓN, LA IMPRESORA SE DESCOMPUSÓ Y NO PUEDO IMPRIMIR MIS DOCUMENTOS, ¿TE IMPORTARÍA LLAMARLE AL TIPO DE SISTEMAS? – decía casi gritando.

– ¿Por qué no lo llamas tú? – yo replicaba.

–SOY NUEVA AQUÍ Y NO TENGO LA EXTENSIÓN DE SISTEMAS – otra vez decía en una manera bastante grosera.

Así que, llamé a Sistemas y les pedí que repararan la impresora descompuesta.

Ella parecía ser la última persona con la que podría ser amigo. Pasaron unos cuantos meses y vi otro lado de ella.

Mel-B trabajaba mucho con el Sr. Tarde Adictoalanoche. Permanecer mucho en la oficina la enfermaba también pero por una razón muy diferente.

Era una completa extrovertida. Pero incluso ellos requieren su "nicho regenerador".

Ella quería dejar la oficina a las 6:30 pm también para que pudiera comer y socializar con su novio y ponerse al día con sus otros amigos. Pero como era usual, el Sr. Tarde Adictoalanoche la hacía quedarse hasta tarde. Reuniones personales eran agen-

dadas en la tarde pero el Sr. Tarde Adictoalanoche deliberadamente las agendaba después de las 7:30 pm así que Mel-B era
forzada a quedarse tarde.

El Sr. Tarde Adictoalanoche también era problemático conmigo, así, esta cuestión nos acercó a ambos.

Mel-B era una víctima, así que no dudé en compartir mis sentimientos con ella. Empatizó.

Lentamente empecé a disfrutar los chismes de oficina especialmente cuando se trataban del Sr. Tarde Adictoalanoche.

Bien, la mayoría del tiempo era acerca del Sr. Tarde Adictoalanoche. Tonteábamos con bromas crueles acerca de él y aún
eran divertidas.

Incluso compartíamos correos electrónicos escritos para el Gerente acerca del Sr. Tarde Adictoalanoche. Yo le mostraba a ella
el diario que llevaba y le parecía muy entretenido.

Mi relación con Mel-B lentamente empezaba a florecer.

Por cierto Mel-B era buena amiga de Susanna y la conocía desde
antes. Ambas estudiaron en la misma ciudad de Pune aunque
en diferentes universidades y compartían el mismo departamento.

Mel-B era muy consciente de no subir de peso. Cada dia llevaba
algo de yogur y papaya picada para almorzar. Se saltaba el desayuno y trataba de vivir con una dieta de 700 calorías como
afirmaba. Bueno, ¡pronto descubrirás que no era cierto!

La mayoría del tiempo, Mel-B estaba muy hambrienta. Ella y Susanna constantemente hablaban acerca de explorar nuevos restaurantes.

–Hay un nuevo restaurante mexicano que abrieron por mi casa. Vamos esta noche – sugirió Mel-B.

–Hay un nuevo restaurante kebab cerca de la oficina. Vamos a ponernos al día – Susanna respondía.

–Se me hizo agua la boca – Mel-B declaraba.

La plática era acerca de restaurantes y comida todo el tiempo. Vamos a ordenar algo de pizza, vamos por una hamburguesa a Mc Donald's®, no, las hamburguesas del Hard Rock Café son mucho mejores, vamos por algo de comida china, vamos por unos curries, vamos `por esto, vamos por aquello...

Sus conversaciones solían divertirme; en una dieta de 700 calorías, y mira el tema de la discusión.

Las conversaciones en la oficina en general eran muy divertidas. Parecía como si salir a comer fuera primariamente plática de mujeres. Los hombres hablaban de inversiones y compra de autos lujosos.

"¿Dónde debo invertir mi dinero?"

"¿Debo invertir en depósitos a plazo fijo o en acciones?"

"¿Qué pasa con el fondo de previsión pública?"

–Bueno no creo que esto sea un asunto de esto o aquello. Debes invertir algo de dinero en depósitos a plazo fijo, algo en capital y algo en el fondo de previsión. De esta manera, puedes cosechar los beneficios de los tres. – transmití.

–Nunca inviertas dinero en acciones porque no eres experto realmente – alguien advirtió.

Me empezaba a unir a estas pequeñas conversaciones.

Las chicas escuchaban cuidadosamente.

Después de todo ellas también mantenían la atención en los hombres que pudieran hacer decisiones sensibles respecto a su riqueza.

No era solo Mel-B quien se mantenía consciente acerca de su riqueza. Yo también. Pero a diferencia de Mel-B quien se saltaba su desayuno y sobrevivía con papaya picada y yogur en el almuerzo, yo solía tener un desayuno decente y traía un almuerzo apropiado de 3 platos a la oficina. (Esta historia ha sido compartida en detalle en mi libro *"Recetas de Cocina Casera India Para Hacer en un Periquete"*.)

Otra cosa divertida acerca del espacio abierto de oficina

La mayoría de nosotros consideramos los espacios de oficina abiertos una invasión a la privacidad. Esto puede ser molesto.

Pero al mismo tiempo, el mismo diseño de oficina puede proyectar un lado muy humano de tu personalidad a tus otros colegas lo cual puede abrir la posibilidad de desarrollar nuevas relaciones.

Solía llevar frutas a mi oficina y tomarla como una botana a media mañana.

Mis colegas notaron esto, gracias al diseño de la oficina.

Si Mel-B abría una bolsa de papas fritas aparte de mí, no podía dejar de escuchar la bolsa rasgarse, oler la sal, a veces un poco apestosa, oler las papas y escucharla masticando.

Ocasionalmente, me ofrecía unas cuantas pero yo decía que no, muy amablemente. Incluso esto era notado.

Mel-B y sus amigos llegaron a la conclusión, justamente, que yo comía papaya picada y granada como una botana de media mañana pero me abstenía de masticar papas fritas. Esto invocaba curiosidad y además abrió camino para gastar bromas.

–He visto que tú no comes papas – decía Mel-B.

–Si – yo decía.

–He visto que comes frutas todos los días como botanas – decía Mel-B.

–Sí, amo la fruta. Son tan refrescantes, especialmente durante el mediodía – yo decía.

–¿Por qué no comes papas fritas? – persistía Mel-B.

–Porque no me gustan, así de simple – yo decía.

–Eres consciente de la salud – preguntaba Susanna.

–Si. Me hace sentir muy bien – yo decía.

–Pero por qué – preguntaba Mel-B.

–Mira quien habla. Tú estás en una dieta de 700 calorías y me preguntas por qué – intentaba bromearle.

–Pero nosotras no somos conscientes de la salud – negaba Mel-B con una broma amistosa.

–Así que es por eso que traes papaya y yogur para almorzar y luego comes hamburguesas con queso y un paquete de papas fritas – yo decía en broma.

Todo mundo estallaba en risas. Podía ver el rostro de Mel-B enrojecerse. Susanna también empezaba a burlarse de Mel-B.

Puede que encuentres ciertos tipos de conversación molestas pero para mí esto era un momento para romper el hielo. Después de esto, empecé (nosotros) a tomar el almuerzo juntos en la misma mesa. La mayoría del tiempo o chismorreábamos o hacíamos bromas a otros. Fue una especie de regreso a mis días de universidad. Esos recesos fueron muy refrescantes incluso cuando yo no decía mucho pero escuchaba a otros bromeando entre sí.

Después de la fiesta de oficina

Pronto empecé a recibir invitaciones para fiestas después de la oficina de Susanna y Mel-B, las colegas que anteriormente me habían ignorado. Extrañamente, aún rechazaba toras esas invitaciones.

Me sentía raro. ¿No eran esa clase de invitaciones la que ansiaba antes? Ahora, las rechazaba. *'Por qué querría ir una fiesta después de la agenda ocupada de la oficina'*, pensaba.

'¿Por qué no programaban sus fiestas en un fin de semana? yo seguramente asistiría.'

En días de trabajo, prefería regresar a casa y pasar la noche con mi familia. Pero siempre me preguntaba por qué mis colegas no parecían cansados del todo. No era que tuvieran más aguante físico que yo.

De hecho, era lo contrario cuando se trataba de aguante, en términos de subir escaleras más rápido.

Extrañamente sin embargo, mis colegas parecían tan entusiastas y recargados para la fiesta hasta tarde en la noche incluso en los días de trabajo.

Una vez rechacé una invitación para asistir a la fiesta de cumpleaños de Susanna un día entre semana. Creo que ella se sintió herida. Me hizo sentir mal pero simplemente no quería fiesta después de las horas de oficina.

'¿Debía simplemente rechazar mis necesidades de regresar a casa y unirme a la fiesta para hacer felices a mis colegas?', siempre me preguntaba.

Pero por suerte, no lo hice. Unirme a esas fiestas me hubiera dejado extremadamente cansado y mermado.

Me hubiera puesto infeliz, malhumorado y gruñón después de todo. No como suelo ser.

Además pensé que hacer feliz a Susanna y Mel-B a costa de mi propia felicidad no valía la pena realmente.

No eran amigas.

Simplemente conocidas.

Unos meses atrás no me hubiera importado si herían mis sentimientos o si me invitaban.

Así que, ¿por qué debía molestarme por sus sentimientos ahora?

La autora Sophia Dembling ha escrito un capítulo completo "Palabras mágicas para tapar fugas de energía" en su libro. Pide a los introvertidos cuidar sus niveles de energía primero y no presionarse a aceptar todas las invitaciones a fiestas de todo el mundo. Plantea el punto, correctamente, de que los introvertidos son sensibles, incluso hipersensibles a mensajes sociales y que nos sentimos obligados a responder a todos ellos. Sus palabras mágicas son:

"No es mi problema".

"No es mi responsabilidad".

No dudo en rechazar invitaciones. Si los sentimientos de alguien se hieren, no es mi problema. Tu única responsabilidad en una situación social es ser lo mejor de ti mismo, "amable, amigable y agradable", como ella dice.

Mi mensaje es también el mismo: Cuida tus necesidades primero.

Solía rechazar los eventos sociales inmediatamente pero algunos de mis seniors (que quizá también eran introvertidos) se unían a esas fiestas ocasionalmente y se retiraban como en una hora. Puedes tomar esto si te sientes obligado a asistir a la fiesta de tu 'mejor amigo'. La autora Sophia Dembling en su libro incluso discute las excusas que puedes decir para dejar la fiesta temprano.

Así que, como puedes ver en horas fuera de la oficina, apenas socializaba.

¿Cómo lo compensaba?

Los sábados (si, ¡la firma solía trabajar el primer y el tercer sábado del mes!), solíamos vestir informal. Trabajábamos en sábado incluso si no había mucho trabajo.

De hecho, ¡apenas trabajábamos! En lugar de eso, nos salíamos con los colegas de la oficina y por lo regular íbamos a algún restaurant elegante para almorzar y luego la seguíamos toda la tarde.

Empecé a unirme a estos almuerzos sabatinos. En cualquier caso, tenía que asistir a la oficina y luego con mis colegas salir a almorzar. Estas fiestas, en lugar de ser tarde en la noche después de las horas de oficina, no duraban mucho. Dos horas máximo.

Esto era una excelente oportunidad para mí para compensar las fiestas después de la oficina. Socializar en el almuerzo, probar alguna buena comida y luego ir a casa. Todo en un día de trabajo, ¡esa era la vida!

Retiros-El Punto Culminante de la Vida Social

Cada firma o compañía que conozco, tiene un retiro anual por lo regular en un lugar en el extranjero o en otro pueblo o ciudad.

Utiliza esta oportunidad. Nunca digas no a un retiro social.

No solo verás un lugar nuevo sino también te ayudará a construir mejores relaciones con tus colegas.

Debes verlo como una oportunidad para viajar a expensas de la oficina y sin faltar a ella.

El Sr. Tarde Adictoalanoche solía no asistir al retiro y en lugar de eso daba la excusa, como siempre, que esta sobrecargado de trabajo. ¡Qué perdedor!

Mi firma tenía cuatro oficinas localizadas en varias partes de la India y volamos a Goa por tres días para el retiro anual. El retiro tuvo sus altas y sus bajas.

La parte más aburrida fueron las sesiones a las que teníamos que asistir. Algunas involucraban discursos motivacionales como "sé tan energético en lunes en la mañana como cuando dejas la oficina el viernes por la tarde". Otras incluían discusiones al respecto de estrategia de crecimiento, expansiones, mejorar la estructura de organización, ya sabes, cosas que te hacen bostezar.

Afortunadamente no había asistencia obligatoria a esta clase de sesiones y era posible faltar a ellas sin que nadie lo notara. Ocasionalmente, podía regresar a mi habitación y tomar un tranquilo descanso.

Éramos divididos en equipos basados en los 8 clanes guerreros en la India medieval. Algunas actividades grupales involucraban un tipo de persecución 'perro al hueso'. Era estúpido, pero divertido.

Las noches eran mejores. Fiesta y baile era lo normal hasta las 3 de la madrugada era la norma. Esas eran las pocas fiestas que yo disfrutaba plenamente.

El alcohol era servido junto con la cena. Probé uno o unos cuantos tragos, no lo suficiente para emborracharme.

En cualquier caso, no soy un bebedor ávido, si puedo utilizar ese término.

Pero era divertido ver a mis otros colegas, compañeros y Socios emborracharse. Nuestro Gerente en la oficina siempre estaba tan hiperactivo, tan tenso todo el tiempo como si fuera a tener un ataque cardiaco. Sin embargo, con unos cuantos tragos, veía un lado completamente diferente de su personalidad. Se convertía en un 'alegre y buen compañero'. ¡Un buen tipo alegre y animado que pensaba que realmente era muy guapo!

Luego había una mujer que trabajaba en el departamento de mercadotecnia, olvido su número de habitación. Ella decía que era la no. 319 y la querida Susanna trataba de convencerla de que la 319 era su habitación y no la de ella.

Después de la cena, empezaba el baile. La música comenzaba a sonar y todo el mundo esperaba a lanzarse. Debo reconocer que soy muy tímido cuando se trata de bailar en público. Pero nadie bailaba bien.

La gente se balanceaba torpemente y lo bueno era que nadie se reía.

Todos fingían que no eran notados y no les importaba como se percibía que bailaban.

Esto realmente me destapó.

Mis amigos también estaban muy animados (¡no agresivos!) en este punto.

Uno de mis seniors con el que trabajaba me pidió que me lanzara a la pista de baile. Así que también me uní a la banda de la fiesta. Esa noche solo dejé que mi "lado extrovertido" se revelara, como algunos gurús de la autoayuda indican, debes permitirlo de vez en cuando.

No había pasos, rima o ritmo. Empecé a bailar y seguía cualquier paso que venía a mi mente. Disfruté bailar con Susanna y con Mel-B. ¿Cómo podía no disfrutar eso?

La fiesta terminó y caí rendido en mi cama.

Mis colegas extrovertidos siguieron pasando el rato e incluso ordenaron algunas hamburguesas a las 4 am de la madrugada. Me preguntaba cómo alguien podía tener hambre a esas horas.

Al siguiente día eran entregados los premios para los varios eventos del retiro y el baile fue uno de ellos. ¿Puedes imaginar quien ganó el premio por el participante más entusiasta?

Fui yo. Me tomó totalmente por sorpresa. "Dos Pies Izquierdos" fue inscrito en el premio que me fue presentado.

A propósito, fui el único de la oficina de Delhi que había ganado un premio.

El resto se había ido a la oficina de Mumbai, nuestro rival.

Esto hizo que todos mis colegas gritaran y aullaran de alegría y excitación.

Fui considerado un héroe. El único salvador de la oficina de Delhi. Wow, aunque sonaba estúpido. Fue bastante bueno para ser verdad.

En el tercer día, nos llevaron a un tour por la ciudad. El viaje en autobús también era un gran momento para chismorrear. Repentinamente, la impresión de mí de Susanna y Mel-B como un chico tranquilo había cambiado. Me dijeron que estaban realmente orgullosas de mí.

–Tienes la habilidad de llegar a ser un buen bailarín. Quizá deberías tomar lecciones de baile – ambas me recomendaron.

–Gracias por sus bonitas palabras – respondí.

El tour a la ciudad fue realmente excitante. Pasamos tiempo en las playas y visitando viejas iglesias construidas por los portugueses en el siglo XVI valiendo cada centavo gastado en el viaje.

Al final, el retiro fue divertido. No me considero un tipo popular del todo. Pero creo que el retiro me ayudó un poco a cambiar la percepción que mis colegas tenían de mí. Supongo que mis colegas también vieron un lado diferente de mi personalidad al igual que yo pude echar un vistazo dentro de ellos.

Moraleja de la Historia

Sé fiel a ti mismo.

Habrá veces que te pidan que actúes más extrovertido.

También habrá veces que sientas como si no tuvieras ningún amigo. Puede que tus colegas no te hagan sentir cómodo en tu lugar de trabajo o peor pueden intentar todo para hacerte sentir lo más incómodo posible.

No necesitas complacer a nadie o probar que eres la persona más popular. Ni hay necesidad de sucumbir a la presión de convertirte en alguien más "social".

En lugar de eso trata de ser quien naturalmente eres. Muchas oportunidades llegarán a tu camino para socializar. Incluso no necesitas buscar tales oportunidades.

Los temas brotarán en las discusiones que naturalmente te interesan.

Únete a esas discusiones que te fascinan y encontrarás amigos que tienen intereses similares.

Utiliza tu discreción mientras asistes a fiestas por la noche.

¿Cuán importante es esto para ti?

¿Es la boda de tus mejóres amigos?

O ¿algunos compañeros conocidos te invitan a beber un trago?

No estés bajo la presión de decir 'si' a todas las invitaciones.

Y al contrario, no digas 'no' a todas las invitaciones.

Llega a un balance. Puedes decidir asistir a algunas invitaciones durante una semana/mes/año y luego recompensarte pasando tiempo en soledad.

Siempre recuerda que es acerca de la calidad y no cantidad. Como Susan Cain dice acerca de los eventos para establecer contacto social: "Una nueva relación de palabra de honor vale diez puñados de tarjetas de presentación".

Descubre otras oportunidades para socializar. Únete a tus colegas para almorzar si eso se adapta a ti o únete a un comité probono o representa a tu firma en deportes, lo que sea con lo que estés cómodo.

Siempre di 'si' a los retiros o viajes. No solo tendrás la oportunidad de ver un nuevo lugar a expensas de la oficina y sin faltar a ella, sino incluso mejorarás tu relación con tus colegas y compañeros.

Capítulo 5: Escribir, Hablar, Investigar y Analizar: Cosas Que Me Funcionaron Bien y Que Puedes Aprender de Ellas

NO ENCAJÉ EN EL TÍPICO estereotipo de un abogado corporativo. Odié trabajar largas horas. No era un tipo audaz, agresivo, golpeando sobre una mesa. Ni un vendedor aunque generalmente vestía formal y apropiadamente.

Además tenía todas las capacidades y habilidades para ser, un gran abogado corporativo. Tenía la habilidad de escribir e investigar bien. Explicar compleja jerga legal a los clientes en términos de un novato y tenía buen ojo por los detalles, para exponer 'problemas' potenciales, la clase de cosas donde los introvertidos pueden ser más fuertes que sus contrapartes extrovertidos.

Puedes estar en una industria diferente. Pero si eres contador, banquero, consultor o profesional TI, tu trabajo involucrará crear reportes, analizar hechos, desarrollar nuevos productos o diseñar soluciones. Debes estar seguro de que este es el lugar y la oportunidad donde como un introvertido brillarás.

Lo que sí noté y me sorprendía es que regularmente pasaba más tiempo en la preparación que mis compañeros extrovertidos. Después descubrí, que como un introvertido, probablemente pases más tiempo pensando tus objetivos y analizando que tus amigos extrovertidos. Jennifer KKahnweiler incluso reconoce esto como fortaleza #2 en su libro lo cual ella llama **"Preparación"**.

En lugar de estar a la defensiva, por eso, debes trabajar en desarrollar esta capacidad aún más. Es tu oportunidad para dejar atrás a tus otros colegas.

Mediante preparación extensa, tendrás la oportunidad de tomar un problema o situación plenamente, haciéndote lucir más experto que tus compañeros. No lo dejes ir.

Así que aquí están las cosas que funcionaron bien para mí.

Preparar presentaciones de power point

Como asociado junior, ocasionalmente nos hacían hablar de algún tema utilizando presentaciones de power point. Por eso, teníamos que preparar esas diapositivas y mandarlas a nuestros seniors antes de la exposición.

Una de esas ocasiones fue cuando cinco de nosotros asociados junior, teníamos que hacer una presentación acerca de realización de labor de diligencia. Elegí el aspecto financiero de la labor de diligencia pues estaba más familiarizado con revisión de contratos de préstamo de transacciones previas.

Para ahorrar tiempo y para nuestra conveniencia, nuestro senior tuvo la amabilidad de repartir hojas con los temas en viñetas. Mientras la mayoría de mis colegas parecían muy felices con esto, los puntos acerca de finanzas me dejaron bastante confuso.

La mitad de los puntos no tenían sentido para mí. Mucha jerga legal compleja fue utilizada.

Una línea parecía como un rompecabezas del Código Da Vinci donde me quedé a descifrarlo y adivinar que quería decir mi senior.

Puede que mi entendimiento de la ley fuera limitado.

El senior había escrito los puntos desde su propia respectiva, así que tendría completo sentido para él mientras me quedé a interpretar según mi propio entendimiento, una sensación que no me gustó. Sabía que no sería capaz de hablar coherentemente acerca del asusto si no entendía que era lo que decía.

Los socios también asistirían al evento y nos previnieron de antemano de que ellos preguntarían si sospechaban que las cosas no estaban claras para ellos.

Solo teníamos dos días para preparar nuestras diapositivas. Susanna era muy curiosa de ver mis puntos. A ella le parecía completamente normal. Me di cuenta que Susanna podía empezar a hablar de cualquier tema muy coherentemente incluso si no lo entendía.

En este punto, envidiaba a mis colegas extrovertidos que podían hablar de cualquier tema sin mucha preparación o la necesidad de organizar sus pensamientos antes de hablar.

Simplemente escoge un tema y boom, ¡puedes hablar de algo en los siguientes cinco minutos!

Este sentimiento me dejo aún más incómodo. Y si no era capaz de pronunciar un simple enunciado en público. Pensé.

Así que algo de preparación es necesaria para hacerlo. Mis colegas simplemente copiaban los mismos puntos de sus diapositivas de power point y las entregaban al senior a cargo.

En cuanto a mí, algunos puntos continuaban sin tener sentido incluso después de leerlos cien veces.

De alguna manera era demasiado tímido para acercarme a mi senior y preguntarle lo que realmente quiso decir.

Podía terminar probando que era un tonto, pensé.

Para mi sorpresa, ellos también tenían dificultad en interpretar aquellos puntos. Algunos valientemente trataron de explicarlo pero todo seguía siendo un poco complicado para mí.

Entonces vino mi mágica solución.

La solución fue que reescribí los mismos puntos en mis propias palabras, pensé en mi propia experiencia de revisión de contratos de préstamo.

¿Cuáles fueron los problemas típicos que busqué, cuando revise esos acuerdos? Pensé sólidamente e hice algunas sugerencias al respecto.

Luego, borré los puntos que no tenían sentido para mí. Después de todo, como puedo hablar y hacer preguntar que no entiendo yo mismo.

En lugar de eso, agregué unos cuantos puntos más que pensé que eran bastante importantes pero fueron ignorados, por cualquiera que sea la razón, por mi senior.

El tercer tipo de puntos estaban en el límite. Los puntos mencionaban la importancia de las regulaciones que rigen las finanzas pero no explicaban que eran y por qué eran importantes y dignos de mencionar.

Así que hice un poco de investigación acerca de ellos.

Revisé la biblioteca de libros de estatuto y comentarios sobre el tema.

¡Había 10 volúmenes de comentarios acerca del tema! No es posible para nadie lea y comprenda todos los 10 volúmenes de una sola vez. Escogí el primer volumen y traté de resolver desde el primer capítulo de lo que se tratan las regulaciones.

Esto fue un poco útil. Así que hice unos cuantos puntos básicos de esto. También hice algo de investigación en internet e hice unos cuantos puntos más. Finalmente mis diapositivas estaban listas.

Aun no estaba seguro si había hecho mis diapositivas correctamente. Sería mejor si tomara algo de retroalimentación de alguien antes de avergonzarme públicamente. Pensé.

Así que, mandé un correo electrónico a mi senior (quien había escrito los puntos iniciales) pidiendo retroalimentación al respecto de mis diapositivas. La respuesta regresó diciendo que mis puntos estaban bien. Esto me alivió y reaseguró que nada estaba mal.

El evento fue al siguiente día a las 10 am en punto. Llegue corriendo a la oficina a las 9:30 así que tenía la oportunidad de ver esas diapositivas otra vez y refrescar mi memoria.

Luego todos nos movimos a una sala de conferencias donde una laptop fue conectada a un proyector. Lentamente, todos nuestros seniors, asociados A-2 y A-3 y Socios llegaron lentamente y tomaron sus asientos.

El evento finalmente empezó.

Afortunadamente, no fui el primer orador del evento. Susanna empezó primero.

La escuché detenidamente y observé sus diapositivas en la gran pantalla. Eran muy generales y no hizo ningún análisis profundo.

Después fue el turno de Mel-B. La suya fue la misma que Susanna.

Seguía mi turno, tomé la silla caliente, di un respiro profundo y empecé a hablar.

Primero hablé un poco de lo que los asociados junior realmente deben observar mientras revisan contratos financieros, las dificultades comunes y como evitarlos mejor.

Podía ver a mis seniors asentir con sus cabezas mientras yo hablaba.

Finalmente mencioné brevemente la importancia de las regulaciones que rigen el campo.

Traté de explicar estas regulaciones en una lenguaje para novatos, como afectan los contratos financieros y como los asociados junior pueden tener en mente esas regulaciones mientras revisan los documentos.

Y eso fue todo. Cuando terminé de hablar, el senior que había escrito los puntos iniciales dijo que mi presentación era la mejor hasta ahora.

Mis otros colegas empezaron a hablar.

Algunos incluso utilizaron mi punto para ilustrar los suyos o incluso hacían referencia a mi presentación diciendo cosas como "Creo que Prasenjeet ya ha cubierto este tema en extenso detalle así que simplemente mencionaré esta otra cuestión".

Después de que el evento terminó, muchos de mis otros seniors se acercaron a felicitarme por dar la mejor presentación del día: clara, bien organizada, limpia, fresca y al punto.

El senior que me había mandado la lista de complicados puntos me preguntó que dónde había encontrado los míos. Le dije que como encontré sus puntos un poco complicados simplemente los reescribí en mis propias palabras.

– ¡Excelente Colega! Pero eso también significa un montón de arduo trabajo – me felicitó.

Así se hizo me día.

Mi punto es que aunque Susanna y Mel-B fueron mucho más elocuentes que yo y podían hablar de cualquier tema con poca preparación, fue tu servidor quien se llevó todos los elogios. Esto fue posible simplemente porque pensé muy cuidadosamente en la estructura de mi presentación.

Esto por supuesto significo que había trabajado mucho más duro que mis colegas.

Participación en Debida Diligencia

Mientras en el equipo de Mercados de Capital, requeríamos hacer debida diligencia de una compañía de comercialización de energía que pronto iba a fluctuar sus acciones en la Bolsa Nacional de Valores. La tarea involucraba revisar la oferta de la compañía, un documento que explica por qué la compañía necesita recaudar dinero, si la compañía ha estado produciendo ganancias o pérdidas, etc.

Por lo regular la debida diligencia financiera es realizada por los banqueros de la compañía pero nosotros los abogados también hacemos algo de esto lo cual implicaba por lo menos concordar las cifras mencionadas en la oferta con el balance de la compañía.

Curiosamente, la mayoría de las veces los banqueros dependen de los abogados para la debida diligencia (incluyendo las finanzas) y apenas hacen algo por su cuenta. Al final, nosotros los abogados tenemos que confirmarles a los banqueros que todo está bien y ellos confían en esta confirmación. Cualquier metida de pata y los banqueros podrían demandarnos por esta confirmación errónea.

Era el último día de revisión de oferta. Teníamos que enviar nuestros puntos a los banqueros de la compañía y a la misma compañía.

La oferta seria presentada con el Regulador Financiero al siguiente día.

La compañía hasta el momento no nos había proporcionado sus balances anuales incluso cuando lo habíamos solicitado, específicamente para esto. La compañía no contestó nada por meses a pesar de las repetidas solicitudes.

Finalmente, el día antes de presentar, alrededor de las 6:30 de la tarde, la compañía nos proporcionó sus balances.

Pensé que esto era algo sospechoso. La compañía deliberadamente no quería que revisáramos sus balances. Pues no contestaron por meses. Ahora, repentinamente en el último momento, nos proporcionaron lo que solicitamos, poniendo en nosotros la responsabilidad y dándonos muy poco tiempo para revisar los documentos eficientemente.

Mis otros colegas no querían revisar los documentos. Así que, mi senior me pidió si quería revisarlos en la noche.

Acepte la solicitud sin protestar pero le pedí a mi senior si podía revisarlos desde casa. Él estuvo de acuerdo.

Así que regresé a casa, me refresqué y empecé la revisión de los documentos cuando me sentí un poco mejor. Para mi horro, las cifras no coincidían. La compañía había reportado perdida en sus balances, mientras que tenían ganancias reportadas en sus documentos de oferta.

Claramente la compañía quería engañarnos y a los inversion-istas. Así que, esta fue la razón por la que la compañía no quería que revisáramos sus balances, pensé.

La peor parte fue que por mentir y esconder hechos, la compañía está siendo estúpida y NO inteligente. El Regulador Financiero también hace por su cuenta una debida diligencia. Si ellos encuentran que la compañía está mintiendo entonces podrían imponer una prohibición. No solo a la compañía sino también sus banqueros estarían en problemas.

Obviamente, la compañía actuó con ignorancia. Era nuestro deber hacia la compañía, los banqueros y los inversionistas, en general, que levantáramos una bandera roja.

Así que, inmediatamente llamé a mi Socio y le dije que la compañía había maquillado sus cifras en su documento de oferta.

Mi Socio inmediatamente se conectó conmigo en una conferencia telefónica con uno de los directores.

Mi Socio preguntó al director muy severamente acerca de este asunto. El director primero hacia parecer que todo era normal.

Entonces le dije que las cifras en el documento de oferta estaban incorrectas.

El director tartamudeó un poco. Finalmente aceptó para modificar la parte de las cifras de la oferta.

Esa noche la compañía modificó sus cifras y envió el documento otra vez para la revisión.

Naturalmente tuve que revisarlo otra vez para ver que las cifras fueran todas correctas.

Una vez que aprobé el documento, mi socio dio una garantía a los banqueros de la compañía y el documento fue enviado al Regulador Financiero para su revisión.

Mi Socio me felicitó por tener buen ojo en los detalles y por salvar a la firma entera de una vergüenza o algo mucho peor.

Escritura e Investigación

Frecuentemente, solía ser felicitado por mis habilidades de escritura e investigación. Los socios abiertamente apreciaban mi habilidad para leer una nueva ley y realizar puntos simples y concisos al respecto de los cambios introducidos por esta y sus otros puntos importantes.

En una ocasión me pidieron que hiciera una investigación desafiante acerca de una oscura pieza de la ley donde no había casos claros y la autoridad hindú era muy débil sobre esto. Algunos de mis otros colegas ya habían trabajado en este asunto antes pero solo habían descargado dictámenes y eso fue todo.

Mi gerente era un oxoniano, estaba familiarizado con la ley inglesa, la cual estaba muy bien desarrollada en este punto. Sabiendo que yo también había estudiado Leyes en Inglaterra, el gerente me pidió que preparara una hoja de puntos acerca de la posición tomada por la ley inglesa. El gerente, sin embargo, sonaba un poco inseguro en cuanto a lo que realmente quería.

Así que preparé unos cuantos puntos claros acerca del asunto y se los mostré a mi gerente en la noche. Él parecía incluso más confundido.

–Esto es todo – dijo.

Lo miré un poco perplejo.

–Pero Señor, me pidió que preparara solo una página resumida – dije.

–Sí, pero no respondiste mi pregunta. Solo resumiste la ley inglesa. ¿Cuál es la posición en la ley hindú? Es la misma que en la ley inglesa o es diferente – replicó.

Sus preguntas eran interminables.

Finalmente dijo – esto no es útil para mí – y puso el papel en el bote de basura.

–Ahí es donde verdaderamente pertenece – remarcó sarcásticamente.

Tragué saliva y no supe qué decir.

–Escribe un reporte de 20 páginas para mí comparando las posiciones de la ley inglesa y la ley hindú – dijo–. ¿Cuándo puedes mandarme el reporte? – me preguntó.

Era jueves por la tarde. Viendo el humor de mi gerente, dije que lo haría para esa misma noche.

Eso sonaba muy loco. ¿Preparar un reporte de 20 páginas durante la noche con investigación?

El gerente se calmó un poco.

–No, tómate tu tiempo. Ya me enviaste un montón de m***da. No quiero que me mandes más. Tómate una semana y mándame un reporte nuevo para el lunes en la mañana - dijo.

No tuve opción pero asentí y estuve de acuerdo con el nuevo plazo.

El viernes en la tarde, después de haber hecho mi trabajo facturable, traté de leer tanto como fuera posible sobre el tema.

Pedí prestados unos cuantos libros de la biblioteca y prometí regresarlos el lunes en la mañana.

El bibliotecario fue bastante amable y me concedió el permiso.

También obtuve copias de dictámenes descargados por mis colegas para averiguar el nivel de investigación que habían llevado a cabo acerca del tema.

Después de pillar el tema en cuestión. Empecé a preparar el reporte en sábado en la mañana.

De los libros de comentarios, comprendí la sutil diferencia entre la ley inglesa y la hindú. Así que, primero resumí la diferencia en el párrafo inicial.

Después, hice un pequeño sumario de todos los casos principales en la ley hindú que fueron descargados por mis colegas.

Luego, busqué en Westlaw UK, una base de datos en línea, con la que todo estudiante de leyes ingles está familiarizado. Mi firma afortunadamente estaba suscrita a esta base y me había mandado una contraseña. Utilizando palabras claves, pude descargar unos cuantos casos más y algunos comentarios del actual estatus de la ley inglesa. Esto significaba que tenía que leer e investigar aún más.

Para el domingo en la mañana, había hecho toda la investigación de la ley inglesa. Ahora tenía que resumir aquellos comentarios y casos que encontraba relevante.

Para hacer el reporte luciera organizado, cuidadosamente coloqué encabezados. En medio, lancé algunas de mis propias observaciones acerca del tema.

Para el domingo en la tarde, probé leyendo mi primer borrador para asegurarme que todo luciera en orden y no un revoltijo de material sin conexión y desorganizado. El gerente ya parecía bastante frustrado y ciertamente no quería echarle gasolina al fuego.

Probé leer el documento un número de veces e incluso se lo mostré a mi padre, solo para revisar el flujo general del reporte.

Cuando todo estaba terminado. Tomé un respiro profundo, adjunté el reporte en un correo electrónico y lo envié a mi gerente. Lo hice el domingo por la noche.

En la mañana cuando desperté, lo primero que hice fue checar mis correos electrónicos. No habían llegado nuevos mensajes.

Tomé un baño, desayuné y, como era usual, llegue a la oficina a las 9:30 am. Me había preparado para más interrogatorio exhaustivo y ataque verbal.

Un reporte detallado de 20 páginas dejaría al gerente aún más confundido que antes, pensé.

Podía imaginar al gerente gritando con todos sus pulmones viendo esto.

Pero había llevado a cabo sus órdenes a la medida de mis habilidades, me consolé.

El gerente vino a mi oficina por la tarde después de una agenda de reuniones ocupada.

Pasó por mi cubículo y de hecho gritó bastante fuerte como yo esperaba. Pero fue:

–Buen trabajo – dijo.

Todos mis colegas miraron un poco desconcertados, inicialmente, luego me vieron con admiración.

Estaba sorprendido.

El gerente me llamó a su oficina y dijo:

–He tenido la oportunidad de leer tu reporte, no sabía que la ley hindú trataba el tema de manera diferente a la ley inglesa. Esto significa que necesitaremos rehacer borradores de ciertas cláusulas en nuestro acuerdo cundo entremos a transacciones en el futuro. Estoy reenviando tu reporte a los otros socios en la oficina y a la oficina en Mumbai.

Así que mi reporte fue muy bien recibido.

Me sentí aliviado.

Había agotado mi fin de semana trabajando en este informe.

Estaba cansado. Ahora necesitaba mi receso tranquilo.

En los siguientes días, un número de seniors vinieron a mí, pidiéndome que les mandara por correo ese reporte. Estaba tan emocionado y ocupado enviando correo tras correo a las personas que lo solicitaban.

Esta fue toda una escena. Susanna y Mel-B no podían dejar de notarlo.

Algunos de mis seniors incluso me felicitaron por mi coronación como el "Rey de la Ley Inglesa".

Tuve que murmurar cortésmente que no era un rey sino solo un ordinario asociado al quien se le pidió hacer una investigación detallada.

Pero permanecí en el séptimo cielo por un buen tiempo.

Tomar Iniciativas

Nuestras oficinas centrales en Mumbai solían mantener toda clase de notas útiles, artículos, presentaciones y listas de verificación preparadas por los abogados en un lugar central. Esto significaba ayudar a otros abogados a trabajar en transacciones similares. Este sistema fue llamado "Manejo de Información".

Tanto seniors como aprendices (bajo la guía de los seniors) eran alentados a escribir sus propios artículos o preparar sus propias listas de verificación y entregarlas a la central del Manejo de Información.

Durante los ejercicios de debida diligencia, tenía que buscar en muchas solicitudes de la bolsa de valores de una compañía. La revisión involucraba checar si la compañía había presentado todos sus documentos importante a la bolsa de valores en una base trimestral, mensual, semestral o anual.

Las regulaciones eran las menos útiles y las listas de verificación preparadas en el pasado aún más, de hecho, se añadían a mi confusión. La peor parte era que mi senior también, como la Sra. Reina Mete-la-pata, no podría importarme menos.

Así que, en mi tiempo extra, rescribía la lista de verificación existente utilizando mis propias experiencias de lo que me confundía.

Simplificaba la lista a una extensión tal que hasta un chico de preparatoria podía revisar las solicitudes de la bolsa de valores.

Enviaba la lista de verificación a la central de Manejo de Información, quienes se sorprendían al tener una lista de un humilde asociado junior. No obstante, después de algunos chequeos, aceptaban la lista para que pudiera ayudarles a otros asociados junior.

Algunas de mis otras iniciativas involucraban hacer "Biblias de Documentos" y asegurarme que la biblioteca tuviera una copia.

Cada vez que una transacción terminaba, los abogados tenían que archivar todos los acuerdos y documentos misceláneos en una gran carpeta para referencia y revisión, si cualquiera se requería en el futuro. Esto era llamado una "Biblia". Esto involucraba imprimir y poner todos los documentos, hacer un índice y etiquetar claramente los archivos en papel consolidados. Esto era un trabajo muy aburrido y nadie quería hacerlo.

Muchas veces estas biblias eran creadas pero no entregadas a la biblioteca. Esto se debía a que luego los seniors estaban ocupados en otra transacción y se olvidaban de estos documentos.

Mientras yo me aseguraba de que todos estos documentos llegaran a la biblioteca, mis colegas extrovertidos tomaban las iniciativas de estar en un comité social responsable de organizar tragos y otros eventos sociales.

Desde mi segundo año en adelante, empecé a entrenar a mis asociados junior para crear las biblias y enviarlas a la biblioteca.

Estoy seguro que tendrás oportunidades similares para tomar la iniciativa en tu lugar de trabajo.

Haz lo que más te convenga.

¿Qué es eso que realmente te gusta hacer?

Quizá escribir artículos, ayudar en la biblioteca o en general crear bases de datos para lo que haces en tu tipo de trabajo.

Esta es otra manera de ser notado.

Las interacciones cara a cara con los jefes y líderes de equipo.

Los introvertidos pueden no ser buenos al socializar con la gente en cenas o eventos sociales pero cuando se trata de interacciones cara a cara, puedes tener un impacto muy fuerte y de por vida sobre tus amigos, jefes y líderes de equipo.

Piensa en situaciones cuando has utilizado interacciones cara a cara, poderosamente.

¿Fue con un amigo, familiar, en tu trabajo o con alguien más?

¿Cuál fue el resultado?

Comenzar una debida diligencia en la oficina del cliente, viajes y retiros me proveían de una muy positiva oportunidad para interactuar sobre una base cara a cara con mi equipo de líderes y a veces con mis Socios.

Encontrarás los detalles en el Capítulo 2.

Moraleja de la Historia

Mientras mis colegas extrovertidos eran realmente buenos en venderse a sí mismos y fanfarronear acerca de su experiencia y agudeza, cuando se trataba del núcleo del trabajo, encontré que podía opacar a todos esos colegas.

Nadie podía igualar mis habilidades de escritura, investigación, presentación, exposición de problemas potenciales, guía y preparación de listas de verificación, las habilidades que forman la base de la gran obra jurídica corporativa.

Mucha investigación realmente prueba que los introvertidos pueden superar a sus colegas extrovertidos cuando se trata de escritura, investigación, preparación y análisis. En realidad, los introvertidos pueden tender a sobre-preparar. Esto es una fortaleza que puede hacer que brilles cuando se trata de la competencia central de tu empleo.

Puedes pertenecer a un sector diferente. Pero si el centro de tu empleo conlleva cosas como preparar reportes, analizar datos o crear nuevos productos o soluciones, debes saber que esas son las cosas en las que los introvertidos son realmente buenos.

Si no eres capaz de concentrarte en tus tareas asignadas, ¿piensa por qué?

¿Qué te está molestando realmente?

¿Tienes suficiente tiempo a solas para hacer un gran trabajo?

Recuerda que todas las tareas que describí en este capítulo fueron hechas por solicitud. Estuve solo, en todas las circunstancias, haciendo mi trabajo desde casa o en un área tranquila de mi oficina.

Muchas veces serás acusado de no ser un jugador del equipo.

Pero ten en cuenta que la colaboración puede venir en diferentes formas.

Haz de tu parte la mejor.

Los ejercicios de labor de diligencia en las que estaba involucrado fueron siempre hechos en un equipo. Me aseguré de que lo todo lo que revisé fuera con lo mejor de mi habilidad. También puedes estar en una situación similar. Piensa en hacer tu parte con lo mejor de tus habilidades.

Si tu trabajo requiere hablar en público o hacer presentaciones en Powerpoint, prepárate bien. Pide a tus colegas y equipo de líderes previo aviso o tiempo adicional para prepararlo. Siempre piensa en la audiencia y sus intereses, las preguntas obvias que podrían hacerte y lo harás bien.

Capítulo 6: Robar Crédito, Favoritismo y Traición: Cosa Que No Me Funcionaron Tan Bien

DESDE LUEGO, NO TODO fue miel sobre hojuelas.

Hubo muchas cosas que no iban bien para mí. Estos problemas existen en la mayoría de las oficinas.

En este capítulo, planeo compartir tales problemas comunes en los lugares de trabajo y como es mejor lidiar con ellos.

Tomar el Crédito del Trabajo de Alguien Más

Los introvertidos a menudo sufren del "síndrome del malvender". Al menos yo lo sufrí bastante.

Así que, mientras era bastante natural para mis colegas extrovertidos fanfarronear de como lidiaron con clientes, estuvieron hasta tarde para completar un proyecto, experimentaron una transacción internacional y cosas por el estilo, yo estaba tranquilamente trabajando en asuntos similares sin hacer aspavientos. Una vez me dijo un Gerente que me faltaba "arrogancia" y que en ese sentido estaba detrás de mis compañeros.

Mis colegas extrovertidos sobresalían en la habilidad de que todo se viera grande. Una pequeña investigación se proyectaría una investigación aplastante. Esbozar un pequeño capitulo podría hacerse ver como un montón de arduo trabajo, etc.

Tengo que admitir que en realidad no era bueno vendiéndome en el trabajo. No era mi naturaleza presumir acerca de las cosas que hacía.

Incluso en los días cuando era felicitado por exponer un problema salvando a la firma de la vergüenza o hacer una investigación que tenía consecuencias a largo plazo por como los acuerdos eran esbozados, no sería la persona corriendo por todos lados diciéndoles a otros acerca de mi logro.

A veces sentía que esto hacia que mis jefes pensaran, ocasionalmente, que estaba menos agobiado con el trabajo especialmente cuando dejaba la oficina a las 6:30-7:00 pm la mayoría de los días y continuaba el trabajo en casa. También sentían que mis compañeros extrovertidos tenían más experiencia y confianza.

La peor parte era que muchas veces mis colegas incluso robaban mis ideas, las presentaban como propias y no reconocían mi contribución.

Esto me sucedía cuando estaba trabajando en el equipo de Mercados de Capital. Mi equipo tenía cuatro miembros, un asociado junior, aparte de mí, un líder y un Socio. El otro colega era una chica que se unió a la oficina de Delhi después de pasar un año y medio en la oficina de Mumbai.

Éramos ambos asociados A-2 pero ella era muy buena en proyectarse como alguien con mucha experiencia, habiendo hecho un poco de trabajo de Mercados de Capital en la oficina de Mumbai. Era ruidosa, grandilocuente y de hecho sonaba con exceso de confianza y "más segura", si puedo usar ese término, de ella misma.

Me gustaría referirme a ella como la Sra. Socia Principal. Era escandalosa, tipo de las que golpean la mesa, una chica extremadamente asertiva. Hablaba a sus compañeros como si fueran estudiantes en un empleo de verano de medio tiempo.

Una vez fue bastante generosa para llevar a sus compañeros del equipo Corporativo a un almuerzo costoso en un hotel de cinco estrellas, ¡donde después ella pago toda la cuenta! Tuve bastante suerte de ser incluido en el equipo de "Juniors" que fueron tratados así y tan felizmente sufrieron su consejo acerca de muestras carreras, a donde nos dirigíamos, qué hacer y qué no hacer desde su perspectiva, que se vería bien en nuestros currículos, etc.

Me gustaba su generosidad pero no me gustaba la manera en que trataba de cuidarme como si fuera alguna clase de delincuente. Después de todo, simplemente era otra asociada nivel A-2 como yo.

En las reuniones, si la Sra. Socia Principal discordaba en algún punto, se jugaba el todo por el todo para convencer al Socio a aceptar su punto de vista. Y si el socio no estaba de acuerdo, ella persistía hasta que el socio dijera "está bien". Generalmente era arrogante, franca y elocuente.

Una vez la Sra. Socia Principal se dirigió a mí para trabajar con ella en la preparación de una guía de preguntas y respuestas sobre mercados de capital hindúes, escribió esto para una revista legal internacional prestigiosa.

Este fue un trabajo no facturable y aunque estrictamente no contaba para la evaluación final, tenías algunos créditos extras por tomar la iniciativa. Además escribir una guía para una revista legal internacional era algo que yo encontraba muy atractivo.

Así que, dije que sí.

Nos dividimos el trabajo de acuerdo a nuestra ocupada agenda de trabajo. Había un total de 30 preguntas que necesitaban ser contestadas. Fuera de esto, escribí 10 preguntas y ella las 20 restantes.

Así que hice 1/3 del trabajo.

Mi error fue que no pregunté nada al respecto de obtener el crédito por mi contribución.

Otro error fue que no informé a nadie que estaba trabajando en esta guía.

La Sra. Socia Principal publicó el artículo en línea y nunca me dijo cuándo lo hizo.

Estaba tan ocupado con mis proyectos facturables y me olvide de la guía.

Fueron solo unos cuantos meses después que me di cuenta de que el artículo fue publicado son ninguna mención de mi nombre en la sección de colaboradores.

La Sra. Socia Principal había presentado el trabajo entero como suyo sin reconocer que yo había contribuido en un tercio de esa guía.

Me di cuenta que era demasiado tarde para actuar. Aun así medité las posibles medidas siguientes:

Uno: confrontar a la Sra. Socia Principal al respecto de este asunto, decirle que modifique el artículo en línea e incluya mi nombre como colaborador o amenazar con agravar la situación.

Pensé que era demasiado tarde para eso. El artículo ya estaba disponible desde hace tres meses y no parecía que fuera posible modificarlo.

Dos: Hablar con Recursos Humanos y con mi Socio acerca del asunto.

Sabía que mi Socio estaba bastante predispuesto a favor de la Sra. Socia Principal (encontrarás más de esto en la siguiente sección acerca del favoritismo). Así que lo más probable es que él no hiciera nada. Además mis problemas con el Sr. Tarde Adictoalanoche eran muy recientes. No quería sonar como un quejica eterno. Además, una muy buena pregunta que hubiera surgido sería ¿por qué permanecí callado por meses y de repente ahora decidí exponer este problema?

Frente a esta lógica, elegí quedarme en silencio. Escribir un artículo para una revista legal internacional no era importante al ser considerado para la evaluación, razoné.

Además, ya había publicado unos cuantos artículos y listas de verificación bajo mi propio nombre en revistas de investigación legal similares. Así que, no había necesidad de sacar este asunto que solo me causaría más daño que bien.

Por lo tanto, decidí seguir y dejarla que mantuviera el crédito por escribir todo el artículo. Después de todo, ella había hecho 2/3 del arduo trabajo de la guía.

¿Debí manejarlo de manera distinta?

Déjame ser muy franco. Cuanto más lo pienso, más me siento que no podía culpar a nadie más que a mí por haberme tomado el pelo.

¿Por qué no fui claro al respecto de quién conseguía el crédito por hacerlo?

¿Por qué no establecí esta cuestión con la Sra. Socia Principal antes de decir si?

¿Por qué no le pregunté a la Sra. Socia Principal me dejara saber cuándo el artículo fuera publicado?

Luego, ¿por qué no escribí todo esto en mi diario, calendario o lista de cosas que hacer y seguir con la Sra. Socia Principal respecto a la fecha de publicación?

Con la perspectiva del tiempo, creo que solo de esa manera hubiera evitado que la Sra. Socia Principal tomara el crédito de todo el trabajo.

Mi líder de equipo, la Sra. Reina Mete-la-pata, también me hubiera advertido antes.

La Sra. Socia Principal tomó crédito por mi trabajo en varias ocasiones.

Para evitar esto, me aconsejó (Sra. Reina Mete-la-pata) que era mejor copiar correos electrónicos a tus seniors para asegurarte que se mantengan al tanto de tus contribuciones en relación con la Sra. Socia Principal.

Este fue un excelente consejo.

Así que, después de haber aprendido mi lección a la mala, empecé a mantenerme al tanto de mi socia después de este evento.

Es muy común en los lugares de trabajo que empleados se quejen de que sus compañeros roben sus ideas o pasar el trabajo de otra persona como propio.

La pregunta clave es ¿Cómo puedes realmente evitar que otros roben el crédito de tu arduo trabajo?

Tristemente, en este caso no hay respuestas claras. Todo depende de la gravedad del asunto. Cuán vigilante quieres ser y cómo tu lugar de trabajo se encarga de este asunto.

Algunos lugares de trabajo pueden tener un enfoque muy indulgente, mientras que otros lo tratan como un motivo de grave preocupación.

Me sorprende cómo este tema se ha debatido internacionalmente con vehemencia.

Existen muchos artículos interesantes sobre este tema de los cuales recomiendo los siguientes:

4 Razones de por qué está bien para un colega robar tu idea

Cuando un compañero de trabajo toma crédito de tu trabajo

Cómo lidiar con un compañero de trabajo que roba tus ideas

Cuando un compañero roba tus ideas

Estos artículos pueden dividirse en 2 escuelas de pensamiento:

Hacerlo en términos de confrontar al ladrón o llevar este asunto con el Gerente

Como en la mayoría de los casos, confrontar al ladrón parece ser la mejor solución posible. Decir que esa persona que sabes que "tomó prestadas" tus ideas sin tu autorización. En una manera no acusadora. Esto debe ser suficiente en la mayoría de las situaciones.

Llevar el asunto con el Gerente es otra solución pero parece como que en la mayoría de los lugares de trabajo esto puede hacerte más daño que bien. Puede ser visto como un quejica innecesario o alguien que le faltan cualidades deportivas. Todo depende de cómo se vea el robo de ideas en tu lugar de trabajo. Si lo tratan muy estrictamente, entonces esto podría ser una posible solución.

Deja al ladrón robar tus ideas libremente

Esto puede ser una opción que vale la pena, si el robo no afecta tu seguridad laboral o promociones. Algunos escritores sugieren que dejar que otra persona robe tus ideas solo conducirá a la ruina de esa persona tal que es propensa a sobre prometer y luego no entregar a tiempo.

Puedes ejercer esta opción si sabes a ciencia cierta que tus jefes te consideran un trabajador estable. Estaba trabajando en un equipo pequeño así que mis seniors sabían lo que estaba haciendo exactamente. También me aseguré de marcar copia de los correos electrónicos para mis jefes y había veces que yo directamente coordinaba y colaboraba con ellos.

Así que, no deje que eso me molestara emocionalmente.

Sin embargo, si quieres ser vigilante del ladrón de tus ideas, entonces necesitas realizar ciertos pasos.

Mantén tus ideas contigo y no involucres a otros en lo que sea que estés haciendo.

Si estas escribiendo un artículo, hazlo tú mismo y publícalo con tu propio nombre. (Esto realmente puede satisfacer a los introvertidos porque les gusta compartir su trabajo solo cuando está completamente listo).

Si estas colaborando con otros, sé muy específico acerca de qué crédito vas a tener.

Escribe esto en un diario y asegúrate que tu nombre no esté fuera de la lista de colaboradores.

Sí, todo esto es posible. Pero también significa ser súper vigilante y gastar tiempo y energía en quien está haciendo que, a costa de otro buen trabajo que pueda sufrir en el proceso.

Favoritismo.

Los colegas que pasaban mi trabajo como suyo realmente fue el menor de los problemas que enfrente en mi lugar de trabajo. Fue peor cuando tenía que lidiar con el favoritismo y la traición, ambos al mismo tiempo cuando trabajé por un año en el equipo de Mercados de Capital.

Ya he mencionado que la Sra. Socia Principal era una asociada nivel A-2 justo como yo. En mi firma, se esperaba que todos los asociados en ese nivel hicieran el mismo tipo de trabajo.

Sí, a menudo solía descubrir que me pedían ir al cuarto de datos (en muchos casos solo o con internos) para labor de diligencia mientras que la Sra. Socia Principal solo asistía a reuniones con clientes y conferencias (algo mucho más trabajo de un Asociado Senior).

Fui realmente una víctima del favoritismo

¿Qué es el favoritismo? Ha sido definido como la práctica de dar trato preferencial injusto a un trabajador o un grupo para el daño de otros trabajadores así como para el desempeño general de la firma.

Es obvio que el primer paso es determinar si tu jefe está realmente practicando el favoritismo.

Las cosas pueden complicarse porque el favoritismo no necesita ser practicado abiertamente.

Así que tienes que estar en guardia para descubrir algunas señales muy sutiles al respecto.

Yo descarté las primeras señales de favoritismo incluso cuando eran tan obvias para otros.

Como un introvertido, estaba obligado a ser más sensible, a veces hipersensible.

Así que racionalicé que desde que la Sra. Socia Principal sonaba tan confiada (súper confiada) y elocuente, era natural para mi Socio (Sr. Chupa Sangre de ahora en adelante) elegirla para tales tareas como asistir a reuniones con clientes y conferencias.

Yo era naturalmente bueno en exponer problemas potenciales y escribir reportes. Así que fui elegido para labor de diligencia. Pensé que esa división de labores parecía razonable.

Unas cuantas semanas después, vi que mis otras colegas Mel-B y Susanna estaban conspirando en contra de la Sra. Socia Principal.

Lo que realmente sucedía era que la Sra. Socia Principal le pedía a Mel-B el favor de esbozar un documento y ella estaba de acuerdo (incluso si no estaba en el mismo equipo).

Mel-B luego envía el documento a la Sra. Socia Principal.

Después de un rato, la Sra. Socia Principal escribía de regreso diciendo que el documento no estaba en forma y se necesitaba hacer otros cambios. Este correo electrónico estaba copiado a todo el equipo de Mercados de Capital e incluso para el socio, el Sr. Chupa Sangre.

Cuando abrí el documento, vi que todo estaba en rojo con los comentarios de la Sra. Socia Principal. Esto debió ofender a

Mel-B pues no estaba exactamente trabajando bajo las órdenes de la Sra. Socia Principal.

La Sra. Socia Principal también buscó a Susanna para hacer algo de su trabajo a lo cual Susanna se rehusó. Cada mañana, la Sra. Socia Principal nos llamaba a los tres (Mel-B, Susanna y yo) por nuestros interfonos y nos preguntaba qué trabajo estábamos haciendo (para que pudiera darnos algo de su trabajo). La Sra. Socia Principal realmente se comportaba como un Socio Senior o peor. Tenía que aprender una lección.

Susanna y Mel-B se acercaron a Recurso Humanos y se quejaron de que la Sra. Socia Principal estaba sobrepasando sus límites. La chica de Recursos Humanos les dijo que había recibido quejas similares de otros asociados. Por lo tanto, pensó en el cambio de lugar de la Sra. Socia Principal, para "bajarla a la tierra".

Como he mencionado, la Sra. Socia Principal venia de Mumbai. Puesto que la oficina de Delhi era pequeña, inicialmente fue sentada con asociados A-3 y de mayor categoría por falta de espacio.

La chica de Recursos Humanos pensó que esto era lo que inflaba el ego de la Sra. Socia Principal y hacerla comportarse de una manera muy extraña. La disposición del asiento debía ser cambiado para que se sentara con otros asociados nivel A-2 y se sintiera a la par con los otros.

Señales más fuertes de favoritismo

Unos días después nada sucedió. Susanna y Mel-B decidieron continuar más a fondo.

Durante la hora del almuerzo chismorreaban, ambas me decían que la Sra. Socia Principal parecía caer de la gracia del Sr. Chupa Sangre y no había por qué hacer más grande el asunto. Yo estaba perplejo.

Así que, decidí hablar con Recursos Humanos. Después de todo la Sra. Socia Principal me había dado problemas de la misma manera que a los otros. La chica de Recursos Humanos me dijo que habían decidido no cambiar el asiento de la Sra. Socia Principal porque ella es una trabajadora valorada y que tal cambio podría "desmoralizarla".

Wow, qué cambio en la política.

Ahora entendía ¿por qué Susanna y Mel-B habían decidido no intensificar el asunto? Por lo que yo sabía, ellas eran las defensoras más acérrimas de los derechos humanos en la firma.

Fue obvio que el Sr. Chupa Sangre, el socio, estaba apoyando a la Sra. Socia Principal y que nadie quería enfrentarse con él.

Durante las vacaciones navideñas en 2010, había planeado un viaje a Hong Kong y Macao. Naturalmente tenía que informar al Sr. Chupa Sangre en persona acerca de mis planes.

El Sr. Chupa Sangre inmediatamente marcó la extensión de la Sra. Socia Principal y le pidió que acudiera. Le preguntó que al respecto de los asuntos urgentes a tratar y si estaba todo bien para permitir mi licencia.

La Sra. Socia Principal le dijo que en realidad no había asuntos urgentes a tratar durante las vacaciones navideñas pero que lo quería dejar al criterio del Socio (en sus palabras) ¡no aprobar mi solicitud en caso de que algo urgente surgiera!

Afortunadamente, el Sr. Chupa Sangre incluso después de escucharla decidió aprobar mi solicitud.

Noté con sobresalto que la Sra. Socia Principal, que era técnicamente mi rango, estaba siendo consultada cuando mi solicitud era aprobada.

Por lo regular el Sr. Chupa Sangre preguntaba al líder del equipo acerca de asuntos urgentes a tratar antes de aprobar cualquier licencia.

Sin embargo, esta vez el líder de equipo también estaba de licencia. La Sra. Socia Principal era el único miembro del equipo así que sonaba lógico tomar su consejo.

La parte interesante fue que cuando la Sra. Socia Principal fue a Grecia y Turquía de vacaciones, el Sr. Chupa Sangre no consultó a nadie, tampoco al líder de equipo ni a mí.

¿Demuestra esto una preferencia?

Omitir Errores – Otra Señal de Favoritismo

El Sr. Chupa Sangre era obviamente muy afecto a la Sra. Socia Principal. Ella era un activo valioso. Y ¿por qué no?

La Sra. Socia Principal era audaz, fuerte y clara y podía dirigir los debates en las reuniones con clientes a su favor. De hecho era una dura negociadora.

Pero, ¿esto significaba que la Sra. Socia Principal podía ser perdonada de todas sus equivocaciones? Durante la labor de diligencia, era natural para nosotros requerir una lista de documentos también conocida como la lista de requisición.

En una fría mañana de febrero, estaba trabajando solo en la oficina del cliente, revisando documentos cuando de repente un de los chicos de la compañía me gritó. Estaba agitado pues no entendía por qué si ya había mandado los documentos ¿por qué esos documentos estaban siendo solicitados una y otra vez para revisión?

Vi la lista y me di cuenta que la confusión había surgido por la Sra. Socia Principal, había distribuido un vieja lista de requisición vencida, por equivocación. ¡La lista no tenía un error sino cientos!

Le dije al chico de la compañía que me ocuparía de este asunto con mi equipo. Eso parecía tranquilizarlo al menos por el momento.

Al siguiente día hablé con el Sr. Chupa Sangre y me dijo cómo tenía que enfrentar la vergüenza a causa de los errores de la Sra. Socia Principal. El rostro del Sr. Chupa Sangre permanecía calmado e inmóvil.

Me dijo que esta clase de vergüenza sucede todos los días y lo mejor es desarrollar una piel gruesa.

–Cualquiera puede cometer esta clase de equivocación. ¡Yo también pude haberla cometido! En mi carrera he cometido muchas equivocaciones. Así es como aprendes – dijo el Sr. Chupa Sangre.

Estaba impresionado. Mi jefe estaba realmente perdonando los errores. Un jefe tolerante es muy difícil de encontrar en cualquier trabajo.

Unos meses después, cometí exactamente el mismo error. No fue que lo hiciera deliberadamente o que fuera descuidado. Pero sucedió.

En una noche de septiembre, estaba extremadamente cansado debido al exceso de trabajo. Una lista de requisición tenía que ser enviada a la compañía en relación a los documentos pendientes y yo por error, en el cansancio, envié una vieja copia de la lista.

Al siguiente día, el mismo chico de la compañía llamó a la Sra. Socia Principal y le reclamó por enviar la lista de requisición equivocada. La Sr. Socia Principal corrió a la oficina del Sr. Chupa Sangre con lágrimas en los ojos.

Yo estaba de licencia ese día. El Sr. Chupa Sangre me llamó y me dijo que por qué no había actualizado la lista. Yo estaba perplejo. Le dije que creía que había distribuido la lista más reciente.

Podía escuchar la voz chillona de la Sra. Socia Principal desde atrás diciendo que no era verdad y que yo había dado una mala reputación a la firma. El Sr. Chupa Sangre repetía las mismas palabras:

–NO LE DES UNA MALA REPUTACIÓN A LA FIRMA
– dijo con frialdad.

Mi corazón se hundió. Inmediatamente abrí mi bandeja de entrada y me di cuenta que había mandado el documento equivocado. Esta vez reenvié el documento correcto a la Sra. Socia Principal y al Sr. Chupa Sangre. Ellos también se dieron cuenta de mi error.

Unas horas más tarde, el Sr. Chupa Sangre me llamó nuevamente. Esta vez estaba un poco más calmado. Me preguntó qué había pasado.

Le dije que probablemente estaba cansado la última noche y cometí el error.

¡Me dijo que había enfrentado una gran vergüenza mayor todo por mí!

Tenía que ir a la oficina de la compañía en persona y disculparse con los directores y el gerente.

No pude dejar de notar el comportamiento del Sr. Chupa Sangre con respecto a la misma equivocación cometida por dos individuos diferentes.

Cuando la Sra. Socia Principal había cometido esa equivocación, él estaba en un estado de perdón tipo zen-budista. Cuando fui yo, estaba como el relámpago del dios griego Zeus.

Acepté el hecho de que las circunstancias unos meses después fueran diferentes.

La transacción se estaba retrasando día a día.

Una razón fue que la compañía proveyó los documentos a un paso muy lento lo cual obstaculizó el proceso de labor de diligencia.

La Gerencia de la Compañía culpó al chico responsable de proveer esos documentos, esa persona a su vez quería probar que los había entregado todos (lo cual no era cierto) y que fueron los abogados (nosotros) quienes innecesariamente lo hostigaron pidiéndolos una y otra vez.

Bajo tales circunstancias, tal equivocación solo podía agregarle gasolina al fuego.

Para colmo de males, el equipo de Mercados de Capital no estaba generando muchos ingresos.

Previamente, el dueño de la firma había mandado a volar a muchos Socios y daba por terminadas sus divisiones por bajo rendimiento. Así que, era muy posible que el cuello del Sr. Chupa Sangre fuera el siguiente en la línea de sucesión.

Es posible que todas estas situaciones fueron poniendo más presión en el Sr. Chupa Sangre. Por lo tanto, era natural para él, que gritara más ahora que antes.

A pesar de cómo lo racionalicé, sentí que no había más que lo conocido por mis ojos. Un jefe que cultiva una especie de mentalidad zen-budista que no se le mueve ni un pelo, no importa cuán difícil sean las circunstancias. Siempre dispuesto a proteger a sus empleados y resolver problemas pacíficamente.

Yo, por lo tanto, no veía ninguna razón de por qué el Sr. Chupa Sangre no podía haber resuelto el último problema de manera tranquila. Anteriormente, él me había dicho que necesitaba desarrollar una piel gruesa y que estos errores puede cometerlos cualquiera. ¿Qué le sucedió a esa actitud ahora?

¿Y si la Sra. Socia Principal cometiera la misma equivocación otra vez? ¿El Sr. Chupa Sangre gritaría y le caería encima, como una tonelada de ladrillos, a la Sra. Socia Principal en la forma que lo hizo conmigo?

Otro hecho interesante que noté fue que esas dos difíciles circunstancias no tenían que ver con la relación entre el Sr. Chupa Sangre y la Sra. Socia Principal.

Quién Dijo que la Percepción de los Colegas No Importa

Frecuentemente dejo salir mi emoción de ser tratado injustamente.

"Deja de ser un quejica, Prasenjeet. Acepta la verdad".

"Deja de jugar este juego de victimización".

"Todo está en tu mente".

Tales pensamientos solían venir a mi mente frecuentemente.

La parte interesante era a cerca de las observaciones de mis compañeros.

Era bastante común en mi lugar de trabajo para los colegas que se burlaran unos de otros e hicieran bromas.

La última broma fue que yo tenía que reportar a tres jefes: Sra. Reina Mete-la-pata, líder de equipo, Sr. Chupa Sangre, el socio y la Sra. Socia Principal (supuestamente mi colega).

– La Sra. Socia Principal va a decidir cuantos bonos obtendrás al final. Muy pronto, ella te dirá si has sigo un buen chico – bromeaba Susanna.

– La Sra. Socia Principal está tan hambrienta todo el tiempo. Ella se comerá tu bono entero y no quedará nada para ti – agregaba Mel-B.

Las bromas habrían sido absolutamente hilarantes, si no fueran sobre mí. Aun así, tenía que ser un buen deportista y parecer que disfrutaba las bromas. Sin embargo, las bromas insinuaban la política de poder dentro de mi equipo.

– El equipo de Mercado de Capital es el más politizado en esta firma. Mira al Sr. Chupa Sangre. El peor Socio de la firma. No puedo creer cuanta m***da estás tomando en este equipo – afirmaba Mel-B en tono muy serio.

Obviamente había algo terriblemente mal con el equipo de Mercados de Capital. Innecesariamente, no me sentía como una víctima, pero otros también estaban percibiendo lo mismo.

Segundo Líder de Equipo

He mencionado como a veces la Sra. Socia Principal solía llevarnos a almuerzos realmente caros en hoteles de 5 estrellas. En realidad pensaba que era estúpida por gastar tanto dinero. Por supuesto, no ganaba más que nosotros. Pero pensaba que esos regalos la hacían sentir como un socio, mamá gallina, estimulando a su gran ego.

La parte más divertida era como la Sra. Socia Principal utilizaba tales ocasiones para aconsejarnos acerca de nuestra carrera. Una interacción conmigo en uno de esos almuerzos de viernes fue como esto:

–No quiero decirle al Socio cosas en contra tuya (Sr. Chupa Sangre). Te quiero para colaborar conmigo y aceptar mi trabajo sin quejas – dijo.

Me quedé tan anonadado que no puede reaccionar.

–Esto no se verá bien en tu carrera a largo plazo – me advertía en otra ocasión.

Estaba boquiabierto y divertido a la vez. Pensaba que esta chica estaba fuera de sus casillas para estar hablando así.

Podría haber solo dos posibilidades: o era una narcisista o era muy inteligente.

Ahora cuando reflexiono, creo que era extremadamente inteligente.

Tenía el pleno respaldo del Sr. Chupa Sangre para mangonear y sabía que nadie podía hacer nada en contra de ella.

Susanna y Mel-B también trataron de enfrentarse a ella pero fallaron.

Una vez la Sra. Socia Principal insistió en que pidiera su autorización antes de dejar la oficina.

Mantuve la calma.

'*Tú no eres mi jefa. Eres una maldita asociada nivel A-2 como yo*'. Pensé.

Una tarde, tuve que pedir permiso de mi líder de equipo para trabajar desde casa después de la 7:00 pm, para cuando llegué a casa alrededor de las 7:30 pm, la Sra. Socia Principal estaba al teléfono preguntándome en dónde estaba.

Cuando le dije que estaba trabajando desde casa, ¡inmediatamente envió un correo electrónico marcando copia para mí, mi líder de equipo y al Sr. Chupa Sangre informando que había dejado la oficina a las 7:00 pm!

Nadie reaccionó entonces pero no pude evitar el notar la insolencia de la Sra. Socia Principal.

Daño al Desempeño General de la Firma

Comenzar la labor de diligencia era el trabajo central de un asociado nivel A-2. En la mayoría de las transacciones, por lo regular tres o cuatro asociados desde A-1 a A-3 junto con unos cuantos internos solían empezar la labor de diligencia.

Las transacciones de Mercados de Capital requerían un amplio nivel de debida diligencia.

En cualquier caso, el equipo era pequeño con solo dos asociados nivel A-2, un líder de equipo (con seis años de experiencia pero no promovido al nivel Socio Senior) y un Socio.

Así que, era lógico esperar una división equitativa de las labores entre los dos asociados nivel A-2.

Bastante sorprendente (o no), la Sra. Socia Principal evitaba empezar la labor de diligencia. Consideraba muy por debajo de su dignidad y nivel de competencia, buscar en "archivos polvorientos", y consideraba este trabajo de baja categoría y mecánico adecuado para mí y otros internos. El líder del equipo y el Sr. Chupa Sangre, se quedaban en silencio.

Como resultado, estaba más y más sobrecargado de trabajo.

Empezaba el proceso entero solo con unos cuantos internos sin experiencia para ayudarme.

¿Era este el mayor interés de la firma? me preguntaba.

Seguramente era más probable que un asociado ocupado entregara un trabajo de menor calidad, muy por debajo de las expectativas de la firma. ¿Siquiera le preocupó al Sr. Chupa Sangre?

Pero tenía que tener una excusa para evitar buscar en aquellos "archivos polvorientos". Estoy seguro de que solo habría enfurecido al Sr. Chupa Sangre.

Entonces me hubieran pedido que lo tomara o lo dejara.

Momento para decir lo que se piensa

Llegó un momento en que pensé, ya es suficiente. Esto no puede seguir así.

Necesitaba hablar con la dirección del equipo. Aún tenía algo de fe en mi líder de equipo y en el Sr. Chupa Sangre.

¿Podía ser que el Sr. Chupa Sangre no estuviera consciente de lo que estaba haciendo? Se ha dicho que muchos jefes practican el favoritismo pero en realidad no están conscientes de ello.

Así que llegó el momento de decir lo que pensaba y hacerlos conscientes de las consecuencias. Tenía que ser más firme, me aconsejé.

Primero hablé con el líder de equipo cuando ella me envió para una tarea para labor de diligencia en la tarde.

– ¿Se une a mí la Sra. Socia Principal para esta tarea? – le pregunté al líder de equipo en el tono más asertivo que puede reunir.

– Realmente ella está muy ocupada en otro asunto – respondió el líder de equipo.

– ¿Qué otro asunto? – pregunté.

El líder quedó en silencio o quizá ella murmuro algo que no pude entender.

Sabía que algo estaba mal.

– ¿Por qué estoy siendo tratado tan injustamente? ¿Por qué siempre soy sobrecargado con este tipo de trabajo? – persistí.

– Nadie está tratándote injustamente. Todo está en tu mente – replicó.

Estaba convencido de que lo que fuera que estuviera pasándome no eran juegos mentales.

– Mire, no estoy en posición de lidiar con este asunto. El Socio lo hace. Si este asunto está molestándote, te sugiero que hables con él – dijo finalmente el líder de equipo.

Así que había llegado el punto de hablar con el Sr. Chupa Sangre y decirle cómo me sentía. No hablé a Recursos Humanos deliberadamente.

Recursos Humanos había sido bastante incompetente al respecto del arreglo del lugar de la Sra. Socia Principal. Así que no tenía sentido hablar con ellos al respecto de un asunto más serio.

La mañana siguiente, caminé a pasos largos resueltamente y toqué a la oficina del Sr. Chupa Sangre. Él me pidió que pasara y que tomara asiento. Le dije que estaba siendo sobrecargado de trabajo, siendo el único responsable de un masivo proceso de labor de diligencia, y le insistí que involucrara a la Sra. Socia Principal.

Le advertí cuidadosamente al respecto de las consecuencias de solo tener una persona en una labor de diligencia: baja calidad en el trabajo sin duda afectaría la reputación de la firma a largo plazo, etc.

El Sr. Chupa Sangre escuchó y luego habló:

– He notado que tu competencia y confianza realmente han mejorado desde el último año.

– Confiábamos que podrías llevar a cabo el proceso de debida diligencia tú solo sin ayuda de nadie – dijo.

Wow, estaba halagado. Mi jefe estaba reconociendo mi arduo trabajo y gran desempeño. No era tan desapercibido como había pensado.

Pero, ¿estaba mi jefe genuinamente felicitándome o estaba tratando de desviarse del serio asunto del favoritismo?

Iba a descubrir la respuesta unos meses después. Pero en aquel tiempo, no esperaba que mi jefe mintiera o deliberadamente me halagara para evitar el asunto por completo. Esperé que mi jefe me dijera francamente acerca de mis fortalezas clave y debilidades.

Así que decidí no dejar que el Sr. Chupa Sangre se desviara del asunto y persistí.

– Pero señor usted debe involucrar en el proceso a la Sra. Socia Principal si no el trabajo completo será socavado a largo plazo – dije.

– Valoro tu opinión y retroalimentación. De hecho esto es un asunto apremiante y causa de preocupación. Veré que puedo hacer para involucrarla – dijo.

De hecho la reunión con el Sr. Chupa Sangre fue positiva.

El resultado de la reunión. Nada pasó. Nada de nada

Fue empezar desde el principio. La Sra. Socia Principal regresó a sus viejas maneras y el Sr. Chupa Sangre volvió a su modo de silencio.

Cambio de Equipo – La Solución Final.

Las cosas fueron tan miserables que finalmente me decidí por un paso definitivo: cambiar mi equipo.

Había agotado todos los métodos posibles. El favoritismo no era el único asunto, la traición era aún más seria (algo que discutiré por separado).

Si un estanque está contaminado más allá de la redención, es mejor nadar en otro estanque, razoné.

No era responsable de lo que fuera que estaba pasando en el equipo de Mercados de Capital y trate de hacer lo que pensaba que servía mejor al equipo. Pero no era mi problema después de todo.

Esta vez hablé con el gerente y Recursos Humanos. Les dije que estaba interesado en explorar el lado F&A (fusiones y adquisiciones) después de haber ganado un poco de experiencia de Mercados de Capital.

Deliberadamente no planteé el asunto del favoritismo. Esto habría hecho que pareciera un quejica, un niño mimado que siempre se está quejando. El gerente y Recursos Humanos probablemente me tomarían menos en serio.

Pero sí quería explorar una nueva área, eso es por lo regular bien recibido y visto como un comportamiento positivo.

Mi gerente me preguntó severamente por qué quería trabajar en F&A.

– ¿Solo quieres trabajar algo de F&A y regresar a Mercados de Capital o quieres cambiar de equipo? – dijo el gerente.

– Cambiar de equipo – dije.

El gerente me miró sorprendido.

– En ese caso necesitaré involucrar a Recursos Humanos – dijo.

– Seguro – dije.

Nada sucedió por un mes, pero después mi división fue repentinamente cambiada.

Finalmente le di el beso de despedida a mi equipo de Mercados de Capital.

¿Realmente qué puedes hacer al respecto del favoritismo?

Déjame admitir que el favoritismo no es realmente un tema fácil de lidiar. Googlea favoritismo y descubrirás que esta práctica es muy común en los lugares de trabaja a lo largo del mundo.

No hay remedios rápidos o formas fáciles para lidiar con este problema. He sufrido de favoritismo y el propósito de escribir tanto al respecto no es para quejarse sino para saber cómo lidiar con este tema.

De los montones de libros que he leído, descubrí que mientras todos lidian directamente con el asunto, muchos tratan de presentar una manera muy simplificada de tratar con el favoritismo.

Recuerda que la peor parte del favoritismo es que mina tu moral y confianza. Esto es algo grande. No lo subestimes.

Inicialmente traté de soportar esto. Racionalicé que no todo lugar de trabajo es perfecto y que debo pensar en mis propios asuntos. Pero créeme, estas cosas empezaron a jugar en mi mente afectando mi desempeño y moral a largo plazo.

¿Cómo puedes lidiar con el favoritismo, si eres víctima de ello?

Primero determina si realmente eres una víctima de favoritismo.

Es muy probable que te digan que estas, innecesariamente, imaginando agravio de tus jefes y de Recursos Humanos.

Así que, no brinques en primera instancia, sino que enciende tu radar para posibles señales.

Siempre recuerda que las señales de favoritismo no son obvias. En realidad son muy sutiles. Observa por meses y luego solo podrás descubrir el patrón.

También observa lo que tus otros compañeros piensan al respecto. ¿Están percibiendo favoritismo también, como tú?

En mi caso, Susanna y Mel-B solían chismorrear y hacer bromas dando a entender que yo no era el único que imaginaba agravios en mi mente.

Después, habla directamente con Recursos Humanos, líder de equipo o con tu jefe.

Puede ser de poca utilidad, especialmente cuando ellos son 'socios del crimen' pero hazlo de todos modos. Esto es lo que predican los expertos. Así que, es lo mejor agotar esta opción antes de realizar algún otro paso drástico.

Ten algo de fe en tu jefe. Puede ser que no esté realmente consciente de lo que está haciendo y cómo te sientes al respecto de todo el asunto. Hacer que tu jefe sepa puede ayudar pero hazlo en una manera gradual.

Hablar con tu jefe puede llegar a ser bastante complicado. No lo apuntes con los dedos. Es mejor hablar en persona. Mandar un correo electrónico también puede ser una opción pero muy cuidadosamente. Un correo puede ser a veces contraproducente.

Cuando nada funcione, trata de cambiar tu equipo o empleo, como yo lo hice. Esta no es una opción sencilla. Cambiar tu equipo puede ser más fácil que cambiar de empleo pero intenta ambas opciones, una por una.

No uses el favoritismo para justificar un cambio de equipo o empleo. Puede ser que parezcas un quejica y Recursos Humanos y tus nuevos empleadores pueden no apreciar esto. Pueden pensar que tienes el hábito de hablar maliciosamente de tus jefes anteriores y que harás lo mismo en tu nuevo empleo. En lugar de eso enfócate en un comportamiento positivo como lo que quieres obtener de tu nuevo empleo, y así.

Traición

La traición fue el más grande factor de desmotivación que puede pasarle a cualquiera. Un lugar común donde ocurre es en el trabajo, pero cuando me sucedió a mí, casi me destruyó por completo desde dentro. La traición puede variar en grados pero desafortunadamente la enfrenté en su forma más dañina.

Cada año después de marzo, solíamos esperar un modesto aumento en nuestros salarios. El aumento era pequeño, al menos del 10% la mayoría de las veces. Sí, era uno de esos momentos más felices del año.

En abril del 2011, no vi un aumento en mi salario. Recibí una notificación SMS de mi banco que mi salario del mes de marzo había sido depositado a mi cuenta. Sin embargo, la cifra mencionada en el mensaje era la misma del año pasado. Sin aumento.

Durante un almuerzo, mis seniors estaban encantados de descubrir un aumento en sus salarios (para algunos este alcanzó incluso el doble).

A todos por separado nos otorgaron un generoso bono (incluido yo).

La no inclusión en el incremento, por lo tanto, pensé que era a causa de un error de contabilidad. Así que hablé primero con Susanna.

Susanna parecía muy complacida con su bono. Le pregunté acerca del aumento.

Su expresión facial cambió repentinamente. Parecía aterrada. Se supone que no discutíamos nuestros salarios abiertamente. Esta era la política oficial. Así que este cambio repentino en su cara no me molestó.

Susanna pausó por unos segundos y luego preguntó:

– ¿Tienes tu aumento?

– No. Eso es lo que quiero preguntarte – le dije.

– Aún no me ha llegado mi aumento – dijo.

– Que extraño, ¿no?, cuando tenemos un bono – dije.

Sabía que mis seniors habían tenido un aumento. Así que, fui al departamento de contabilidad para averiguar qué había sucedido con nuestro aumento. Para mi sorpresa, el contador me dijo que todos habían tenido un aumento. Le pregunté que revisara si había habido algún error al respecto de mi salario. Revisó su computadora y dijo:

– No. No he recibido ningún mensaje del gerente para aumentar tu salario. Perdón por dejarte saber esto – dijo.

Esto me dejo completamente sorprendido. Inmediatamente fui a Recursos Humanos y hable con la chica otra vez. Me dijo que podría haber "algunos temas relacionados con el desempeño" que el Sr. Chupa Sangre probablemente había mencionado en mi evaluación.

Le pregunté "¿Qué eran esos temas relacionados con el desempeño? Ella sonó bastante insegura.

Me dijo que el Sr. Chupa Sangre en realidad no había compartido los detalles con ella. Que trataría de arreglarme una cita con él o con mi líder de equipo.

'¿Qué podrían ser esos temas relacionados con el desempeño de los que la chica de Recursos Humanos hablaba?', pensé.

Estaba seguro que había cometido unas cuantas equivocaciones y metidas de pata. Pero eso fue igual que todos los demás. Esto no me parecía una razón bastante seria para negarle a alguien un aumento.

Necesitaba más información. Unos días después, mi líder de equipo me llamó para una reunión cara a cara. Me dijo que la firma me evaluó como un recurso y luego discutieron mis fortalezas y debilidades. Que yo estaba trabajando muy duro pero que podría ser más proactivo en el futuro y ver las cosas en su totalidad.

Esto parecía como una plática cara a cara convencional. Ninguna indicación de cualquier tema relacionado con el desempeño.

Estaba perplejo. Le pregunté específicamente que no tenía un aumento y me dijo que había algunos problemas. Mi líder de equipo me dijo que había problemas de su parte.

Esto me dejo más indefenso y desorientado. Nadie quería explicar lo que hice mal. ¿Entonces cómo puedo corregirme?

Cada día que pasaba, me sentía más estresado, desmotivado y desmoralizado. No podía concentrarme. Me puse muy triste.

Estoy muy agradecido con un par de amigas que hice. Una de las chicas del equipo de mercadotecnia me dio la fortaleza para hablar directamente con el Sr. Chupa Sangre. Me tomó cerca de un mes reunir el coraje para hablar con él.

Soy un introvertido y honestamente odio las situaciones conflictivas. Confrontar a mis jefes y hacer preguntas sin rodeos no era realmente mi naturaleza.

Sin embargo, hice todas estas cosas. Hablé con el Sr. Chupa Sangre directamente. Me sorprendió descubrir que parecía un poco despistado. Necesitaba tiempo para organizar sus pensamientos.

– Veras, tu desempeño es evaluado con base en la forma que llenaste. Esta tiene ciertos criterios... – balbuceó. Y luego de repente –... tu aumento fue negado porque no realizaste suficiente trabajo facturable. No tomaste ninguna medida para mejorar. NO OBTIENES UN AUMENTO ASÍ COMO ASÍ, TIENES QUE GANÁRTELO – dijo tratando de sonar enojado.

Me quedé boquiabierto. Ya he mencionado el montón de iniciativas que había tomado el año previo incluyendo preparación de listas de verificación, escritura de artículos, entrenamiento de aprendices, entrega de biblias, etc. Esto claramente no era cierto.

'*¿Siquiera el Sr. Chupa Sangre se preocupó de leer lo que escribí en mi forma de evaluación?*', pensé.

Persistí. Decidí apegarme a mis argumentos y recordarle de todas las iniciativas que había tomado el año previo pero fue en vano. El Sr. Chupa Sangre no iba a cambiar su opinión.

Finalmente me fui tranquilo pero disgustado. Esta era la explicación más patética con la que mi jefe podía salir. ¿Qué no recordaba aquellas ocasiones en donde había evaluado mis colaboraciones? ¿Qué pasó con eso?

Esa tarde, dejé la oficina para ir a casa. Susanna también estaba en el elevador. Me dijo que había me había mentido acerca de su incremento. Le dije que lo sabía y también que conscientemente me habían negado un aumento.

Entonces ella me dijo algo interesante...

Ella me dijo que tenía curiosidad por saber por qué me habían negado el aumento. Decidió hacer su propia pequeña investigación del asunto. Así que, habló con mi líder de equipo.

- Prasenjeet es realmente un buen empleado. He escuchado muchos elogios acerca de él ¿no es así? – dijo Susanna.

- Sí, es cierto – respondió mi líder de equipo.

- Entonces ¿por qué le negaron un aumento en su salario? – preguntó Susanna curiosamente.

- Porque trabaja como un robot. Sabes a lo que me refiero. Es muy mecánico en su estrategia – respondió mi líder de equipo.

- ¿Eso es todo? – Dijo Susanna en tono sorprendido.

- Sí... No tengo nada mejor que decir acerca de él – dijo mi líder de equipo.

Ahora me daba cuenta que había sucedido.

Fui una víctima de las políticas de traición de la oficina.

Mi líder de equipo realmente igualó a su apodo de Sra. Reina Mete-la-pata. Ella tenía el hábito de ridiculizar a otros en chisme pero esta vez fue demasiado lejos. Ha hecho algunos comentarios adversos sobre mi evaluación (cosas muy vagas sin fundamento, como robot), resultado del cual fue que el gerente decidió no darme un aumento.

– Pero debes prometerme algo – Susanna me pidió–. No le digas a nadie lo que te dije. Si decides confrontar a tu líder de equipo, no menciones mi nombre. Si no esto puede crear una muy fea escena – dijo.

Le prometí que no mencionaría su nombre. Ella tenía un punto. Esto fue políticas de oficina. Si mi líder de equipo llegaba a saber que Susanna era a la que se le había escapado esto, entonces podía hacerle la vida difícil a Susanna. Después de todo, esto era traición al máximo en el trabajo.

Ya había comprendido esta clase de comportamiento de la Sra. Reina Mete-la-pata y sabía con certeza que Susanna no había hecho esto. Otros también me habían dicho que la Sra. Mete-la-pata solía difamarme a mis espaldas con otros seniors. Aunque estaba aliviado al saber que otros seniors me defendieron a gritos. Después de todo no todo el mundo es tan malo.

Ahora estoy seguro que querrás saber por qué no podía hacer mucho al respecto de las políticas de traición de la Sra. Reina Mete-la-pata.

¿Por qué Algunas Personas Traicionan a Otras?

Profundamente perturbado por el incidente, decidí hacer una investigación en google de por qué algunas personas traicionan a otras. Lo que leí fue muy interesante.

<u>Cómo Confrontar una Traición</u>

Este artículo explica esto:

"Un traidor es alguien que pretende ser tu amigo o estar de tu lado y luego cambia por completo y hace y dice cosas que te perjudican, exponen o maltratan como resultado de lo que sugiere o revela. La traición es una forma de manipulación..."

Muy cierto.

La Sra. Reina Mete-la-pata había pretendido ser mi amiga todo el tiempo. Muchas veces viajamos juntos tanto a oficinas de Clientes o al cuarto de datos. Pensé que había desarrollado una muy buena relación de trabajo con ella.

A veces, ella sonaba tan genuina. Durante nuestros viajes hacia la oficina, compartía conmigo muchos detalles personales sobre su vida, lo cual solo podría hacer con un amigo o admirador.

Entonces, ¿qué fue lo que hizo que la Sra. Reina Mete-la-pata me traicionara a tal grado para desmoralizarme por completo?

Inseguro acerca de tu lugar

Esto es aceptado como una de las más importantes razones para traicionar.

Los traicioneros sienten que son incapaces de alcanzar lo que quieren en la vida porque no tienen talento, no les gusta el trabajo arduo, no pueden entender las cosas o tienen miedo de hacer cosas innovadoras por ellos mismos.

Su ambición por promociones, beneficios o mejorar su posición, sin embargo, los convences para ver la traición como un camino fácil.

En nuestra firma, tu promoción de Asociado A-3 a Asociado Senior era puramente basado en el desempeño.

La Sra. Reina Mete-la-pata había pasado seis años en mi firma como una Asociada. No era promovida al nivel de Asociada Senior. Tener seis años de experiencia significaba que para todos los propósitos prácticos ella podía trabajar como un Asociado Senior y de hecho trabajaba como uno.

Excepto que le pagaban mucho menos que a un Asociado Senior y no tenía el 'estatus' que viene cuando eres ascendido a ese nivel. Todos sus colegas eran promovidos desde su 4to. año, mientras que ella languidecía en el mismo nivel por casi seis años. No podría imaginar el nivel de frustración que puede causar esto.

No estoy seguro de quien podría ser el culpable de la situación de la Sra. Reina Mete-la-pata. En numerosas ocasiones le preguntaba si esperaba ser promovida al nivel de Asociado Senior y cada vez la pregunta literalmente traía lágrimas a sus ojos. Me dijo una vez que ella no era apreciada por el Sr. Chupa Sangre.

Creo fuertemente que una parte de la culpa yacía en el Sr. Chupa Sangre. En cualquier momento que estuve trabajando en el equipo de Mercados de Capital, me di cuenta que el Sr. Chupa Sangre era realmente bueno desmotivando empleados. Arbitrariamente la negación de una promoción o aumento parecía ser bastante común.

Incluso la Sra. Reina Mete-la-pata me dijo que estaba aplicando para un empleo en otro lugar.

Su continuo apego a esta firma significaba que estaba fracasando en su misión.

Las cosas en el frente personal tampoco parecían estar bien para ella. Era soltera y tenía que velar por su mamá enferma. También odiaba trabajar largas horas, sus responsabilidades familiares le aseguraban dejar la oficina a las 6 pm, regresar a casa, preparar la cena y luego continuar trabajando desde casa. Así que, la vida no parecía ser justa para ella.

Pero una cosa era cierta. La Sra. Reina Mete-la-pata estaba desesperado por obtener una promoción. Ya estaba en su séptimo año en esta firma. Esta vez estaba dispuesta a hacer todo y cualquier cosa. Esta desesperada por probar su competencia, que era tan buena como cualquier otro cuando se trataba del manejo el equipo.

El camino más fácil entonces era transferir la culpa a otros de todas las metidas de pata y probar su falta de mérito para que cualquier crítica quedara en ti.

Planear para impresionar a alguien

Esta es otra razón para traicionar.

La Sra. Reina Mete-la-pata quería impresionar al Sr. Chupa Sangre a toda costa.

Una buena manera para hacer esto era echarle la culpa de lleno en otros (en este caso en mí) y decirle al Sr. Chupa Sangre que si la Sra. Reina Mete-la-pata realmente no estaba manejando la situación bien, la transacción completa se vendría abajo.

El Sr. Chupa Sangre entonces sería forzado a creer que la Sra. Reina Mete-la-pata estaba realmente trabajando duro porque los otros estaban eludiendo y non haciendo bien su trabajo.

Hasta cierto punto el Sr. Chupa Sangre alentaba esta clase de políticas. Si la Sra. Socia Principal decía "no fui yo, fue él" cuando preguntaba por qué cierto error sucedía, el Sr. Chupa Sangre le perdonaba todos sus pecados y se tranquilizaba.

La Sra. Socia Principal en cualquier caso era una de las favoritas del Sr. Chupa Sangre e incluso la Sra. Reina Mete-la-pata sabía que no podría hacerle mucho daño a la Sra. Socia Principal si lo intentaba como ella.

Yo era naturalmente un objetivo más fácil de agarrar.

Esto fue hecho muy sutilmente. La mayoría de las veces ella estaba bien conmigo trabajando desde casa pero cuando todos estábamos en una reunión interna, la Sra. Reina Mete-la-pata casualmente hacia el comentario "Prasenjeet, no te vayas hoy sin avisarme".

Para un Socio, esto significaba que yo había estado eludiendo el trabajo porque por lo regular yo estaba tan desesperado por dejar la oficina a tiempo, ¡cuando en realidad la Sra. Mete-la-pata era quien generalmente dejaba la oficina una hora antes que yo todos los días!

La Sra. Reina Mete-la-pata había pasado seis años trabajando con el Sr. Chupa Sangre, así que sabía cada truco para complacerlo.

Celos

Woody Allen tuvo esta gran línea en su película Central Park West, donde dice, "La gente no te odia por tus debilidades, te odia por tus fortalezas".

Conocía bien a la Sra. Reina Mete-la-pata. Ni siquiera tenía los tres años del grado de Leyes que yo tenía.

De hecho había completado un título parcia de leyes porque no podía lograr la admisión al curso completo) y empezó a trabajar en esta firma por algunas "conexiones". Por otro lado, yo había obtenido mi título de leyes de la University College London, la cual se supone es una de las 10 mejores escuelas de leyes en el mundo.

En general, existía un montón de elogios acerca de mis habilidades de escritura, esbozo, investigación y análisis. El mismo tipo de elogios que la Sra. Reina Mete-la-pata solía implorar.

¿Sería posible que la Sra. Mete-la-pata, intencionada o no, estuviera celosa de mis logros? ¿Se sentía amenazada en cualquier momento?

Venganza

Para estar seguro, recuerdo hacer dicho "No" (educadamente) a unas cuantas solicitudes irrazonables hechas por la Sra. Reina Mete-la-pata.

Estaba una vez trabajando solo en la oficina de un cliente cuando la Sra. Reina Mete-la-pata me pidió regresar a la oficina, tomé un par de documentos y luego regresé a la oficina del cliente.

La práctica usual era que esos documentos eran entregados por algún mensajero.

Pero la Sra. Reina Mete-la-pata aparentemente quería ahorra dinero de la oficina no utilizando un mensajero quien tendría entonces que solicitar considerables gastos de transportación.

Yo no tenía auto propio y viajaba en metro. Dejar mi trabajo a la mitad para conseguir los documentos de mi oficina y luego regresar otra vez a la oficina del cliente habría sido una gran pérdida de tiempo.

Por lo tanto me apegaba a mis argumentos e insistí en que ella me entregara los documentos, lo cual finalmente hizo después de despotricar y gritar.

En otra ocasión, la Sra. Reina Mete-la-pata quería que la dejara ir a casa. Era tarde en la noche y los caminos de Delhi no son tan seguros como se espera para una mujer a esas horas. Así que, la política de la firma era que por lo regular personal de apoyo de la oficina acompañaba a los mujeres de regreso a su casa.

Sin embargo, ella quería que yo la acompañara aunque su casa estaba en la dirección opuesta a la mía.

Tuve que rechazar esa solicitud sin rodeos lo cual no le gustó ni un poco.

La Sra. Reina Mete-la-pata no era emocionalmente normal y en ciertas ocasiones podía ser muy intolerante.

Ella no tenía las facultades para despedirme. Pero podía arruinar mi evaluación y asegurarse de que no obtuviera mi aumento. Esto me desmoralizó bastante para dejar el empleo. Una manera buena y limpia de devolver el golpe.

Estupidez

No sé si la Sra. Reina Mete-la-pata tenía algún mal designio pero definitivamente era estúpida en el mejor de los casos.

¿Se daba cuenta de las repercusiones de sus acciones?

¿Se daba cuenta que haciendo comentarios adversos en la forma de evaluación y calumniándome en general podía conducir a una situación donde el Gerente decidiera que yo no obtuviera un aumento?

Después de todo yo era un trabajador leal. La Sra. Reina Mete-la-pata tenía mucho trabajo y necesitaba asistencia. Yo era su mejor opción. La Sra. Socia Principal había rehusado seguir las instrucciones de la Sra. Reina Mete-la-pata y sabía que había muy poco que pudiera hacer al respecto.

¿No quería la Sra. Reina Mete-la-pata que yo trabajara con ella?

Por desmoralizarme, se hirió a sí misma.

¿Se dio cuenta de esto?

Cómo Pude Haber Evitado la Traición

Escondido

Por un par de meses intenté esta táctica. No logra mucho. Concéntrate en tu trabajo y prueba que eres realmente capaz. Solía aclarar malentendidos ocasionales por conversaciones cara a cara o por correo electrónico.

En algunos casos esto puede funcionar bien dependiendo de la seriedad de la traición. Canaliza tu energía a algo productivo y tus empleadores normalmente deben estar bien con eso.

Pero en mi caso el daño ya estaba hecho. Estar escondido no parecía como una estrategia muy plausible más tarde.

Confrontación

He aprendido que la confrontación puede ser una buena opción para lidiar con los traicioneros.

Dile a los traicioneros firmemente (no necesariamente agresivamente) que estas consciente de sus acciones. Esto a menudo dice que un traicionero de oficina, como el ladrón en el camino, es menos probable que te traicione si indicas que estas consciente de sus acciones.

Yo decidí no confrontar a la Sra. Reina Mete-la-pata ¿Por qué?

¿Cómo iba yo a decirle que sabía acerca de sus acciones?

Ella habría negado hacer tal cosa. Recuerda que ya me había dicho que no había problemas de su lado. Además me había preguntado acerca de la fuente de mi información.

Yo había prometido a Susanna que no iba a nombrarla. La Sra. Reina Mete-la-pata fue, sin embargo, bastante inteligente para descubrir que nadie más que Susanna podría haberme pasado la información. Después de todo Susanna le preguntó específicamente sobre mi desempeño. Esto fue pan comido.

La confrontación habría funcionado si yo hubiera continuado trabajando con la Sra. Reina Mete-la-pata. Todo podría haberse resuelto por un tiempo hasta que la sesión de evaluación del siguiente año y la Sra. Reina Mete-la-pata tuviera otra oportunidad para golpearme.

QUERÍA SECRETAMENTE QUITARLE SU MÁS GRANDE FACULTAD: EL CONTROL SOBRE MI PROCESO DE EVALUACIÓN.

¿Hubiera trabajado con la Sra. Reina Mete-la-pata si supiera de sus habilidades traicioneras?

Sí y no.

Admito que no era muy bueno siguiendo las políticas de oficina. Raramente participaba en el chisme de oficina a menos que me afectara personalmente.

Estaba vagamente consciente de las habilidades traicioneras de la Sra. Reina Mete-la-pata. Sabía que no era la única víctima. La Sra. Reina Mete-la-pata había culpado de lleno a Susanna una vez (en su ausencia) al respecto de alguna equivocación en otra transacción. Este incidente me había dejado perturbado.

La Sra. Reina Mete-la-pata solía llamar a Susanna una "floja" y decía cosas negativas de casi todo el mundo en sus usuales sesiones de chismes.

Pero enfrentémoslo. Nadie es perfecto.

Tenía una buena relación con la Sra. Reina Mete-la-pata y para ser honesto, ella fue, de hecho, bastante útil y accesible, inicialmente. Por lo tanto, no tuve que preocuparme de lo que otros compañeros pensaban de ella.

En retrospectiva, creo que siempre es recomendable que uno se proteja de tales personas. Hoy están fastidiando y traicionando a alguien más, mañana podrías ser tú. Esto me sucedió a mí. Una lección que merece la pena aprender.

¿Funcionó la traición en este caso?

¡Absolutamente!

La Sra. Reina Mete-la-pata fue promovida al nivel Asociada Senior. Y parecía bastante complacida. ¿Quién no lo estaría?

Esto prueba que la traición funciona y a veces es adecuadamente recompensada en el lugar de trabajo.

Fui un tonto al pensar que las políticas sucias no funcionan y que debes ser fiel a tu trabajo. Soy un firme creyente de la filosofía de que el Bien finalmente triunfa sobre el Mal.

Pero estaba muy equivocado esa vez.

Cambio de equipo – la única solución

Me di cuenta que si tenía que sobrevivir en esta firma e incluso reclamar un aumento, tenía que haber cambiado de equipo. Trabajar con la Sra. Reina Mete-la-pata parecía imposible cuando sabia del daño que me había hecho. Ese daño era irreparable.

Así que, hablé con Socio Gerente y con Recursos Humanos acerca del cambio de equipo. También empecé a aplicar a otros empleos.

Mi equipo fue cambiado en el plazo de un mes. No le dije a la Sra. Reina Mete-la-pata acerca de esto y la dejé que tuviera el shock de su vida escuchándolo de otros.

Creo que fue una buena lección para ella.

Moraleja de la Historia

Robar tu trabajo, el favoritismo y la traición pueden ser algunas de las peores cosas que pueden pasarte en el trabajo. Todas pueden afectar terriblemente tu moral.

Mientras que robar tu trabajo és evitable hasta cierto grado si te cuidas de él, las políticas de favoritismo y traición son cuestiones mucho más espinosas para lidiar. Tristemente no existen soluciones claras para el problema.

Hablar con tus jefes, colegas y Recurso Humanos es una posibilidad pero raramente será efectiva. Sin embargo debes agotar los procedimientos adecuados de la compañía antes de pasar a medidas más drásticas.

Es cierto que Recursos Humanos y tu jefe difícilmente van a resolver este problema pero también no es correcto suponer que hablar con ellos sea una completa pérdida de tiempo. Compartir con estas personas puede ser muy revelador para ti.

Cambiar de empleo o dejar tu departamento parece ser entonces la mejor solución posible. Tu nuevo empleador o jefe en la misma compañía puede terminar siendo un respiro de aire fresco.

Cuando mi equipo cambió, conseguí trabajar con otro senior en la división de F&A quien era un amigo muy cercano del Sr. Tarde Adictoalanoche. Había escuchado bastantes historias de horror acerca de él.

Pero cuando empecé a trabajar con él, parecía ser el más agradable de los jefes que hasta ahora me había encontrado. Ni transferencia de culpas ni políticas de traición. Estaba agradecido por ello.

Capítulo 7: Abandonar Las Leyes y Por qué Perder Tu Trabajo Puede No Ser Algo Malo Después De Todo

¿CÓMO REACCIONAS CUANDO Recursos Humanos de tu Compañía te pide que busque un cambio?

¿Te sientes deprimido y triste por la situación?

¿Te preocupa como pondrás comida en tu mesa o pagaras tus cuentas?

¿Te culpas a ti mismo?

O ¿le das la bienvenida a tal cambio?

¿Perdonas a tus jefes y a la Compañía?

Y ¿ves este cambio como un nuevo comienzo?

Circunstancias que llevaron a la pérdida de mi empleo

Escenario Económico

El año 2011 probó ser un año duro. La crisis mundial impacto a las economías emergentes y la India no fue la excepción. El entonces gobierno de India también sufrió. Lo que muchos analistas catalogaron como una parálisis política y que fue incapaz de traer alguna reforma que pudiera estimular el crecimiento económico e industrial.

Los ingresos de mi firma se redujeron a la mitad en comparación al 2010. El tamaño y número de contratos también. Aunque habíamos recibido un generoso bono al final de marzo del 2011, el rumor de que probablemente no sería el caso en marzo del 2012 se había esparcido.

Pagar el sueldo de los abogados era cada vez más difícil para la firma. También significaba que la firma no iba a ser tan tolerante a errores comparado con el año anterior. Los socios habían desmembrado y desechado divisiones completas por bajo desempeño, por no cumplir sus costos. Fue bastante claro que la firma estaba determinada a perder el exceso de gordura y apretarse el cinturón.

Mi firma no era la única. Todas las grandes firmas legales fueron afectadas y se comportaron de manera similar. Esta práctica de reducción de costos se estaba convirtiendo en omnipresente incluso fuera de la industria legal.

Trabajando en un ambiente hostil

Cambiar mi equipo no me dio mucho alivio. Había hecho cerca del 70% del trabajo en el equipo de Mercados de Capital. El 30% restante fue compartido con la Sra. Socia Principal y la Sra. Reina Mete-la-pata.

Fui un burro subestimado y sobrecargado de trabajo en ese equipo. Pero también fue el caso que yo era la única columna vertebral de todos los proyectos. Me retiré y todo se vino abajo.

Las Sras. Socia Principal y Reina Mete-la-pata podían jugar toda clase de políticas pero el Sr. Chupa Sangre sabía que sin mi ningún trabajo estaría bien hecho. Así que, de alguna manera yo era el trabajador más fiable y valioso.

El Sr. Chupa Sangre y la Sra. Reina Mete-la-pata no podían lidiar con el asunto de que yo ya no estaba trabajando para ellos. Se habían vuelto muy posesivos conmigo por varias obvias razones.

El Sr. Chupa Sangre ahora no podía involucrarme en futuros proyectos. No había explicación legítima para ello.

Pero el Sr. Chupa Sangre aún seguía involucrándome en proyectos anteriores (donde yo había trabajado previamente) bajo el argumento de que como había hecho el 70% del trabajo, yo era la mejor persona que entendía y manejaba asuntos complejos.

¡Qué lógico!

Otros estaban sin idea alguna porque pasaron más tiempo eludiendo y transfiriendo culpas.

Por supuesto, ¡esto no era una excusa!

Lo triste fue que la justificación del Sr. Chupa Sangre para mantenerme involucrado en "proyectos anteriores" parecía que funcionaba y tranquilizaba al Gerente y a Recursos Humanos.

¡Así que estaba ahora otra vez trabajando para Mercados de Capital sin estar en ese equipo!

Pedir un aumento y cómo esto empeoró las cosas.

Déjame admitirlo. Trabajar sin un aumento me había desmoralizado desde adentro completamente.

Pretendí ser muy normal. No mostraba mis emociones y mantenía una cara seria la mayoría del tiempo. Pero estaba gritando por dentro.

Cambiar me a mi nuevo departamento me trajo nuevas esperanzas y expectativas.

Había hablado con mis colegas acerca de mi aumento y el consejo fue que debería pedirlo al Gerente una vez que mi división fuera cambiada.

Así que había llegado el momento de pedir. Ya he mencionado como el gerente solía estar muy ocupado que no tenía tiempo para escuchar pacientemente los problemas que enfrentaban los empleados. Pero leía sus correos electrónicos muy cuidadosamente.

Escribir correos electrónicos me convenía, así como también tenía más tiempo para organizar mis pensamientos. Anteriormente, un correo electrónico había funcionado bien en el caso del Sr. Tarde Adictoalanoche. Así que esbocé uno exponiendo mi punto muy claramente y luego se lo envié.

Poco me di cuenta que esto iba a provocar más problemas que antes. Pero incluso si sabía de los problemas, lo pedí, porque para entonces estaba completamente abatido por dentro.

El comportamiento del Sr. Chupa Sangre llegó a ser más y más desagradable. Sabía la clase de cosas que me irritaban. Me pidió esta vez que le reportara no a la Sra. Reina Mete-la-pata sino a la Sra. Socia Principal. No dejó piedra sin mover para hacerme sentir lo más incómodo posible. Empezó a ser quisquilloso y a decirme que yo era un imbécil bueno para nada.

Y luego un día finalmente reveló por qué se estaba comportando así:

– Así que has estado enviando correos electrónicos a todo el mundo diciendo que eres valioso y competente. Déjame decirte muy francamente que este no es el caso. Nos habíamos involucrado contigo porque hiciste la mayoría del trabajo no porque fueras fiable y competente – dijo.

– ¿De qué correo está hablando, Señor? Nunca envié tal correo – dije.

– Oh si lo hiciste, te lo voy a mostrar – dijo.

El Sr. Chupa Sangre paró y se dio cuenta de lo que estaba haciendo. Luego de repente se tranquilizó y no me mostro el presunto correo que yo había escrito.

Dejé perplejo su oficina.

¿A cuál correo electrónico se refería el Sr. Chupa Sangre?

Me di cuenta que fue mi solicitud de aumento.

Este era un correo confidencial direccionado solo al Gerente. Era supuestamente una discusión privada entre mi nuevo jefe y yo.

¿Cómo es que ese correo electrónico llegó a la bandeja de entrada del Sr. Chupa Sangre?

Esto era un misterio. Luego repentinamente todo se aclaró.

Había hablado a Recursos Humanos un par de días antes y la chica me había dicho que estaban revisando mi expediente para un aumento. Ella estaba forzada a hacer esto porque la instrucción había venido directamente del Gerente.

Así que, yo sabía que el Gerente era empático y quería ayudarme genuinamente.

La chica de Recursos Humanos no era un ángel. Mi correo electrónico que pedía un aumento le fue reenviado por el Gerente. El correo hacía mención de que yo no tenía idea acerca de las razones por la que se me negaba el incremento porque Recursos Humanos había discutido conmigo lo que llamaba "temas relacionados con el desempeño".

Por lo regular es labor de Recursos Humanos explicar todos los asuntos y advertir a los empleados.

Pero el problema fue que el Sr. Chupa Sangre no había compartido ningún detalle con Recursos Humanos. Ahora con el Gerente interviniendo, la chica de Recurso Humanos tenía que salvar rápidamente su reputación.

Así que, ¡lo que la chica de Recursos Humanos hizo fue que reenvió el correo completo al Sr. Chupa Sangre para sus comentarios, opinión y consejo!

El Sr. Chupa Sangre naturalmente vio el correo electrónico en un diferente punto de vista. Para él, parecía más una queja en contra de un poderoso Socio de un humilde Asociado.

No era extraño que el Sr. Chupa Sangre se comportara en tal extraña manera. Quería hacer mi vida miserable hasta el punto que yo renunciara.

Puedo entender que desde el punto de vista de Recursos Humanos, era bastante natural consultar al Sr. Chupa Sangre.

Pero una cosa es pedir una opinión y otra muy distinta reenviar tal correo confidencial a él.

Si Recursos Humanos no hubiera sido tan perezoso, hubiera podido simplemente preguntar al Sr. Chupa Sangre por su honesta opinión en una forma que no le hubiera ofendido tanto. Por ejemplo:

"Querido Sr. Chupa Sangre,

Algún tiempo atrás, usted ha mencionado que existen algunos temas relacionados con el desempeño con esta persona [nombre].

Estaremos agradecidos si pudiera mencionar qué temas eran estos para que podamos actualizar nuestros registros de evaluación como corresponde.

Una pronta respuesta sería muy apreciada.

Gracias...".

Este tipo de mensaje hubiera sido bastante para obtener la opinión honesta del Sr. Chupa Sangre en la materia, lo cual Recursos Humanos y el Gerente podrían entonces tener una visión.

Sin embargo, simplemente reenviar mí correo electrónico al Sr. Chupa Sangre por pura pereza fue cruel, insensible, mostraba una falta de profesionalismo y una co0mpleta indiferencia para resolver cualquier problema.

En los chismes de oficina, había escuchado que la chica de Recursos Humanos había hecho tales cosas diabólicas antes de haber agregado más gasolina al fuego. Pero esta vez fui yo quien sintió el calor.

Estrés y pérdida de confianza

Puedes imaginar la clase de estrés que pasé. Cada mañana odiaba ir a la oficina. En mi camino a la oficina, me sentía terriblemente ansioso y mareado. En las tardes de viernes esperaba disfrutar mis fines de semana.

Pero no podía disfrutar mis fines de semana porque esos terribles escenarios de oficina seguían jugando en mi mente.

Los domingos, no quería ni pensar en ir a la oficina el lunes.

No fue solo mi estado mental sino también el físico estaba siendo afectado. El Sr. Chupa Sangre estaba haciéndome trabajar como un esclavo. Las horas se hacían realmente largas.

No tenía tiempo para ejercicio. Sentando por horas encorvado sobre mi laptop, empecé a sufrir de terribles dolores de espalda.

Un par de meses antes todo esto sucedió, consideré ser uno de las personas más aptas en mi oficina, quien podía subir 11 pisos sin necesidad de recuperar el aliento ni una sola vez.

Sabía que un día me pedirían que me fuera. Podía verlo venir. Pero el temor de perder tu empleo fue mucho peor que la real perdida del mismo.

Iba a tener un colapso nervioso solo de pensarlo.

La peor parte era que estaba perdiendo la confianza en mí mismo. Mis padres lo notaron. Se compadecieron de mí y mi profesión. Se supone que se llega a ser más confiado con la experiencia, pero me estaba sucediendo lo contrario. Me estaba volviendo menos y menos seguro de mí mismo.

Solo las oraciones podían salvarme ahora

El día que el Sr. Chupa Sangre me dijo que yo estaba dándole una mala reputación a la firma, quería renunciar. No podía aguantar más. Pero mis padres me detuvieron de presentar mi renuncia.

¿La razón?

No tenía otro empleo. Aunque trabajar en la firma había llegado a ser tan doloroso como era posible, sentado en casa sin una fuente de ingreso regular, no parecía una solución plausible.

Solo podía rezar y pedir a Dios por ayuda. Y luego mis plegarias fueron escuchadas.

Finalmente me pidieron que me fuera.

En octubre del 2011, un buen día, recibí un correo electrónico de Recursos Humanos. Lo abrí y leí:

"Hola, ¿te importaría reunirte conmigo cuando estés libre? Gracias. Recursos Humanos".

Sabía que algo estaba mal.

Fui directo con la chica de Recursos Humanos. Me pidió que tomara asiento con una agradable sonrisa.

Me preguntaba qué estaba pasando.

– ¿Cómo has estado? – me preguntó.

– Bien – dije.

Ella estaba mirando fijamente la pantalla de su computadora. Después de unos minutos de pausa dijo,

– He hablado con todos los Socios al respecto de tu aumento. Creo que debes empezar buscar un cambio.

– ¿Quieres decir que empiece a buscar otro empleo? – le pregunté a bocajarro.

– Si – dijo vacilantemente.

– Intentamos todo. Intentamos cambiar tu equipo y tratamos de ponerte en un ambiente de trabajo diferente pero, lo siento, no tengo nada mejor para ti – esta vez ella lo decía con un poco de emoción y con lágrimas en sus ojos.

La chica de Recursos Humanos estaba tratando de hacer la situación tan calmada y cómoda como fuera posible.

Ella fue una buena actriz e intentó mostrar que esto también era doloroso para ella.

– Considera este tu aviso de un mes a partir de ahora. Conociendo tus perspectivas, no te lo estamos dando por escrito – ella agregó.

Mi reacción

Entonces, ¿Cuál crees que sería mi reacción?

¿Lloré y le rogué que no me echara del trabajo?

¿Hice una rabieta e intenté romper los muebles de la oficina?

¿Amenacé que me iba a lanzar desde el último piso de la oficina?

¡No! Nada de eso.

Estaba bastante aliviado de escuchar esto. Mi rostro se iluminó de felicidad.

– Ok, ¿pero puedo irme antes de que el periodo de notificación terminé? En realidad he estado buscando empleo por un buen rato – dije muy calmado–. Ya he tenido un par de entrevistas – agregué, esta vez con una sonrisa en mi rostro.

La chica de Recursos Humanos estaba sorprendida. Ella lloraba y yo sonreía. Ella tuvo curiosidad.

– ¿Con cuál Firma? – preguntó.

– Déjame mantenerlo confidencial – contesté.

Podía ver la expresión de su rostro.

Nos dimos la mano por última vez y luego me retiré.

Me sentía liberado. Ya no necesitaba enfrentar al Sr. Chupa Sangre, a la Sra. Reina Mete-la-pata y a la Sra. Socia Principal. Me sentía como si hubieran cortado mis cadenas.

El ave Fénix estaba completamente quemada y reducida a cenizas. Sin embargo, desde las cenizas, surgió la posibilidad de un nuevo futuro. Una nueva oportunidad. Una esperanza creciente. De nueva vida. De renacer otra vez.

Perder Tu Trabajo No Puede Ser Tan Malo

Les dije a mis padres acerca de la pérdida de mi trabajo. No estaban del todo perturbados. No quisimos ver esto como algo negativo. Sin embargo decidimos no hablarlo con ningún amigo o familiar y hacerlo un objeto de simpatía innecesaria.

No fui el único que perdió su empleo. Mel-B lo perdió antes que yo en circunstancias mucho más crueles. ¿Cómo reaccionó?

Me encontré con ella después de la pérdida de su empleo. Parecía estar muy feliz y satisfecha con la vida. Vi otra parte de Mel-B. En la oficina, siempre parecía deprimida y frustrada. Ahora pasaba mucho tiempo con su novio. Hacía compras como loca. Asistió a la boda de su única hermana en Goa.

Honestamente estaba impresionado de cómo ella tomó la pérdida. Probó ser una inspiración para mí.

Entonces, ¿qué crees que decidimos hacer?

Planeamos unas vacaciones en Phuket y Bangkok para Navidad. Estaba feliz que en esta ocasión no necesitaba el permiso del Sr. Chupa Sangre quien definitivamente hubiera consultado con la Sra. Socia Principal. Tuvimos unas vacaciones realmente buenas y relajantes en Tailandia.

Me encontré con algunos de mis amigos.

Compre un PlayStation® 3 Sony con el *Move and My Fitness Coach Club*, un juego de ejercicios de Ubisoft™. Adoré todos los entrenamientos incluyendo Cardio, Baile Latino, Kick Boxing, Yoga y Pilates. Empecé a ponerme otra vez en forma. Mi dolor de espalda desapareció lentamente con mi incremento en el nivel de bienestar físico.

También soy un gran fanático de la Serie *Age of Empires* de Microsoft®. Así que me tomé un tiempo para jugar estos juegos de estrategia.

Compré los libros que quería leer y vi todas las películas que quería ver.

La mejor parte era que la pérdida de empleo me dio un periodo de reflexión donde pude pensar racionalmente en cuanto a lo que quería realmente hacer en la vida.

¿Maldije a mis antiguos jefes y colegas?

¡No! En absoluto. Los he perdonado y he seguido adelante.

Tengo un sentimiento de que a veces mis antiguos jefes, especialmente el gerente, se siente culpable por dejarme ir.

Creo que enfrentarse a un manipulador, por supuesto estoy hablando del Sr. Chupa Sangre, quien creció con el dueño de la

compañía, fue demasiado para ser manejado por este sofistica-
do Gerente Oxoniano.

Sin embargo, espero que en algún momento esto los persiga por
el resto de sus vidas, debe servirles bien.

El propósito de escribir todo esto no es desvarío o despotrique,
es para dejarlo ir. Escribir este libro realmente me curo y espero
que también te cure a ti querido lector.

Moraleja de la Historia

Ve la pérdida de empleo como un nuevo comienzo para algo
mejor, más brillante.

Es muy fácil quedar atrapado en una trampa. Los pensamientos
negativos están destinados a venir. Por supuesto, te preguntarás
¿Cómo pagarás tus cuentas o pondrás comida en la mesa? Incluso podrás culparte a ti mismo.

No eres el único. Estos pensamientos vinieron también a mí.

¿Y si no hubiera enviado ese correo electrónico a mi Gerente?

¿No era mi culpa que el Sr. Chupa Sangre, la Sra. Reina Mete-
la-pata y mis otros colegas me hayan tratado tan mal?

Pero no hay punto en el post mortem. Esto solo te entristece
más y más. El empleo no va a volver.

En lugar de eso mira el lado positivo.

Trata de aprender una nueva habilidad.

Toma unas vacaciones.

Aprende un deporte nuevo como escalar rocas o yoga.

Reúnete con tus amigos y familiares.

Y nunca se sabe que puedes encontrar lo que siempre quisiste hacer en la vida.

Quiero terminar con un dialogo de la película Sound of Music:

"Cuando el Señor cierra una puerta, en algún otro lugar abre una ventana".

Capítulo 8: Cambio de Carrera: Lo Qué Realmente Me Apasionaba

---

DOS AÑOS DESPUÉS DE perder mi empleo

Conóceme ahora. Y descubrirás al nuevo Prasenjeet Kumar. Soy un Autor-Bloguero-Empresario. Amo escribir acerca de cosas que realmente me apasionan. Creo que mis escritos deben ayudar a cambiar la vida de las personas para siempre (¡para bien, por supuesto!).

He escrito tres libros (este es mi cuarto) en el curso de seis meses y todos ellos están disponibles en los diferentes sitios electrónicos para su venta. He escrito más de 1, 00,000 palabras en esos seis meses.

Te sorprenderá saber que mis primeros tres libros fueron de cocina con las recetas de mi mamá. Sin embargo, no soy Chef por entrenamiento, aptitud o inclinación. Ni quiero ser etiquetado cono un Autor de "Libros de Cocina".

Sin embargo, lo que necesito resaltar es que una buena mañana, solo sentí una urgencia: no solo catalogar mi tradición familiar y recetas innovadoras, sino también ayudar a la gente ocupada a crear platillos desde lo básico en un santiamén.

Uno de mis libros *"Recetas de Cocina Casera India Para Hacer en un Periquete"* ha sido el hit no. 1 en ventas en cocina hindú.

Este proceso no sucedió en una noche. Como ya he narrado en detalle, solo unos años atrás, quería ser un prometedor Abogado Corporativo ganando un enorme cheque corporativo y vacacionar en el extranjero.

¿Cómo surgió este cambio?

Pérdida de Empleo: una bendición disfrazada

Es muy fácil deprimirse por una pérdida de empleo y dudar de tus propias capacidades. Pero la pérdida de tu empleo puede ser una grandiosa y nueva oportunidad.

Los tontos rara vez se quedan mirando una puerta, incluso cuando se ha cerrado por completo. Pero ignoran la ventana que se les ha abierto.

Ve tu pérdida de empleo como la muerte de una era y el comienzo de un nuevo mundo.

Conócete: que realmente te apasiona

Mi propia pérdida no solo fue acerca de vacacionar en Phuket, pasar tiempo con mi familia y jugar videojuegos.

Me dio la oportunidad para entenderme mejor.

Me pregunté lo que quería hacer en la vida. Varias veces.

¿Puedes creer la respuesta que obtuve de vuelta?

Nada. Simplemente nada. Hasta cierto punto me di cuenta que la firma en la que había trabajado había desempañado un papel importante en mi destrucción.

Nunca me había sentido tan perdido en mi vida.

Nunca estuve tan inseguro de mí.

En la preparatoria, quería estudiar leyes. En la universidad, quería ser un abogado corporativo.

¿Qué sigue? Tenía un título de leyes y algo de experiencia en una firma de derecho corporativo. Así que, era natural para mí continuar por esa ruta.

Seguí aplicando en otras firmas legales y casas corporativas que estaban buscando abogados/consultores legales.

No escuché de la mayoría de ellas. La situación económica era mala.

Unos cuantos me convocaron a alguna entrevista pero no fue más allá de eso.

Algunos decían abiertamente que tenía demasiada experiencia y que no podían pagarme mi salario actual.

Otros no respondieron cuando pedí una retroalimentación.

Estaba perdiendo interés en el sector legal. Esto no es lo que quería hacer en mi vida.

Manteniéndome actualizado al respecto de la industria legal también se convirtió en una rutina. Mi padre solía exhortarme a permanecer actualizado porque por otro lado encontrar un nuevo empleo no iba a ser fácil.

Definitivamente estaba menos entusiasta al respeto del trabajo legal.

¿Fue esto apareciendo en mis entrevistas?

Puede ser, puede que no.

Pero si realmente no te apasiona algo entonces será más difícil para ti demostrar entusiasmo.

Al menos este fue mi caso. Otros pueden ponerse una máscara por un muy corto tiempo.

Entonces, la verdad es que no estas siendo honesto contigo mismo.

¿Por qué estaba perdiendo el interés en el trabajo legal?

Traté de convencerme de que amaba el trabajo legal. Esto es lo para lo que fui entrenado. Había gastado mucho dinero en adquirir los grados, diplomas y habilidades necesarias.

Mis dudas eran en gran medida debido a las malas políticas de oficina que enfrenté en mi firma anterior. Podía recuperar mi nivel de confianza si me movía a otra firma, en un nuevo equipo, sin políticas de oficina.

Las horas eran igualmente estresantes en otras firmas en las que había aplicado. Ciertamente no me gustaba trabajar largas horas pero no quería hacer de esto un obstáculo en mi carrera legal.

Podría ser un compromiso convertirse en un consultor legal interno. Intenté esa opción y pronto me ofrecieron un trabajo en una firma de bienes raíces.

La vida era fácil ahí. Las horas de trabajo eran bastante regulares. También mi sueldo neto era un poco mayor. Así que me las arreglé para conseguir el aumento que se me había escapado en mí anterior trabajo.

Apenas había cualquier traición porque era el único en el centro legal. Cualquier trabajo legal importante y me pedían que la descargara en alguna firma apropiada como la que acababa de dejar.

Entonces mi empleo era colaborar y asegurar que el trabajo fuera hecho satisfactoriamente y el los plazos estipulados. Eso era genial.

También tenía fácil acceso al presidente y a todos los directores de la compañía. Eso era estimulante.

En tres meses, sin embargo, la falta de cualquier trabajo desafiante me estaba aburriendo. Como otros empleados, podía estar en Facebook o Twitter el día completo pues a la compañía no parecía importarle.

Luego el lado sórdido del negocio de las bienes raíces en India empezó a golpearme. Oficialmente estaba tratando con un montón de clientes que había demandado a la compañía por no cumplir las agendas de finalización para sus apartamentos o casas o negocios por los que habían pagado. Tuve que pelar con ellos contratando a los mejores cerebros legales disponibles en el mercado.

Entonces descubrí que en realidad estaba embaucando a esos clientes deliberadamente. Tampoco teníamos la intensión, en absoluto, de completar proyectos o regresar el dinero de los clientes.

¡Y era el sicario que se aseguraba de que los lobos se mantuvieran a raya! Esto es por qué la compañía era tan benevolente con el sueldo o las horas de trabajo.

Renuncié en tres meses y empecé a aplicar de nuevo.

Los meses pasaron. No conseguía ninguna oferta que valiera la pena.

No estaba perturbado. Esto me sorprendió.

La respuesta era un resonante "No".

Nunca fui un apasionado del trabajo legal. Solo trataba de engañarme creyendo que lo era. No fue solo por las largas horas y los malos compañeros. Bueno, eso era una gran parte.

Durante mis días universitarios, quería ser un prometedor abogado corporativo trotamundos. Trabajar en despampanantes oficinas y ganar un gran cheque eran parte de mi sueño. Incluso, cuando empecé realmente a trabajar, no desean subir hasta el nivel Asociado Senior o Socio desde el día uno.

¿Qué estaba mal en mí?

Si, hubo ciertos aspectos que realmente disfrutaba de las Leyes. Escribir memos, hacer investigación, preparar labor de diligencia u ofrecer documentos eran la clase de cosas en las que destacaba. Era intelectualmente estimulado a veces.

Pero más allá de eso estaba que no estaba realmente motivado. La idea de hacer corporaciones más y más grandes no me entusiasmaba. ¡A menos que no fuera algo peor que morir por ulceras y ataques al corazón!

Tampoco me motivaba el dinero para trabajar más duro por largas horas. La felicidad me importaba más.

¿Qué me apasionaba entonces?

Quería cambiar mi carrera. Empecé a buscar respuestas en internet. Encontré muchos artículos acerca de consejos para cambiar de carrera.

La mayoría empieza hablando acerca de tus "pasatiempos". El consejo es tomar nota sobre cualquier cosa que llegue a tu mente incluso si suena trivial o embarazoso.

Por ejemplo, podía ser que quería ser una estrella de cine. Esta clase de pensamiento puede sonar extraño. Tu familia y amigos incluso pueden reírse de esto y pensar que eres un niño de cinco años que quiere simplemente soñar despierto.

El consejo que leí fue escribir acerca de las cosas que fantaseas y te gusta hacer.

Entonces, ¿qué me gusta hacer? Miré al pasado a mis días de niñez, preparatorianos y universitarios.

Disfrutaba temas cono la Historia, Política, Ciencia y Psicología.

Soy un amante de la naturaleza. Amo las montañas con su nieve cubriendo sus picos, la temperatura templada, lagos y abetos.

Me gusta el ejercicio. Los Pilates son mis favoritas.

En la escuela y Universidad, era parte de una Sociedad Dramática. Disfrutaba actuar.

Sabía que podía dar un rendimiento impresionante, si quería. Había ganado dos premios por la mejor actuación y obtuve en muchas ocasiones el máximo aplauso.

En mi niñez. Disfrutaba escribir historias. Algunos de mis maestros me dijeron que tenía una gran imaginación.

Nunca tuve ningún problema para expresarme en la escritura. Incluso en mis días en la firma legal, mi gerente y otros apreciaban esa habilidad. También solía escribir una sección en el boletín de mi Residencia en Londres.

¿Hacia dónde me dirigía?

Las respuestas no eran realmente obvias para mí.

Pero lo que se volvió claro fue que soy una persona creativa.

Disfrutaba actuar y escribir: ambos pertenecen al género creativo. Incluso me uní a un taller de actuación en noviembre de 2012 por un mes. Fue divertido pero no pensé que quería seguir actuando como una carrera de tiempo completo. No quería mudarme a Bollywood o empezar a actuar en telenovelas.

Escribir era otra opción pero no estaba muy claro lo que debía escribir.

Convertirse en un Empresario

Durante mis días en la firma legal, había discutido una vez con mi padre de mi sueño de convertirme en empresario. Ambos estábamos de acuerdo que era una buena idea y que debes trabajar para otros por unos cuantos años y luego pasar a convertirte en tu propio jefe.

Entonces, ¿qué clase de negocio queríamos ejecutar?

No queríamos empezar con un modelo de negocio de alto riesgo con una enorme inversión de capital. Ni queríamos manejar cientos de empleados u oficinas en múltiples ubicaciones para contratar.

La respuesta era clara.

Queríamos ejecutar un negocio donde la inversión de capital fuera mínima y pudiera convertirse en una fuente pasiva de ingresos incluso cuando no estuviera activamente administrada.

¿Un negocio online?

Escribimos algunas opciones, una de las cuales era poner las recetas de mi madre en la red y así el mundo entero podría leerlas y seguirlas.

Aquí es donde la motivación surgió.

Desarrollar un negocio en línea era algo que me intrigaba y motivaba.

Empecé a buscar en línea habilidades de diseño web. No era un programador e inicialmente pensé que esto iba a ser difícil.

Encontré un curso diplomado de Alison acerca de habilidades de diseño web.

Continué aprendiendo algunas bases de códigos html y css.

Vaya, te preguntaras qué es eso.

Existen un número de videos tutoriales en YouTube que me enseñaron a usar WordPress, un software como MS Word, el cual puede usarse para crear hermosos sitios web.

Creé mi primer sitio web http://cookinginajiffy.com/ con las recetas de mi mamá. El sitio web tiene más de 100 recetas al momento.

Desde entonces no ha habido vuelta atrás.

Aprendí como generar tráfico utilizando redes sociales y posicionamiento en buscadores (SEO por sus siglas en inglés *Search Engine OPtimization*).

Además, aprenda a formatear y publicar libros electrónicos e impresos.

También escribí tres libros en los últimos seis meses.

Había empezado otro sitio web el cual es mi plataforma de autor o mi página de inicio www.publishwithprasen.com[1]

Estoy haciendo todo lo que escribí como pasatiempos.

Soy un escritor y un empresario.

Me gusta el ejercicio.

Mi empleo me da la libertar de trabajar desde cualquier parte el mundo.

Actualmente estoy ubicado en el Himalaya con su imponente belleza natural y fresca brisa veraniega.

Y continúo escribiendo y manteniendo mi sitio web.

En algún punto estuve inseguro sobre lo que debía escribir.

Ahora escribo de lo que sea que me apasione.

Mi primer libro fue acerca de cocina para principiantes. Sentí ampliamente que los estudiantes universitarios debían aprender algo de cocina antes de dejar su casa pero la mayoría de libros que cocina para estudiantes que encontré en las tiendas electrónicas asumían que ya sabias un poco de cocina y se brincaban directo a las recetas.

---

1. http://www.publishwithprasen.com

Mi segundo libro fue para valorar y catalogar mis recetas caseras hindúes.

Con una compilación de más de 100 exquisitos platillos hindúes, muchos de ellos no puedes conseguir en cualquier restaurante hindú por amor o por dinero, este era muy diferente a cualquier otro libro de cocina hindú que se pueda encontrar.

Estoy muy triste de encontrar gente obesa, a mí alrededor, cambiando de un régimen dietético a otro, como desde una dieta baja en carbohidratos y alta en proteínas a una vegana. Sinceramente creo que la gente puede estar saludable sin seguir cualquier dieta relámpago. Así que esto fue la base de mi tercer libro el cual llamé *Healthy Cooking In A Jiffy: The Complete No Fad No Diet Handbook*.

Ahora la inspiración viene a mí sin ninguna dificultad. Soy un introvertido y el libro de Susan Cain '*Quiet: El Poder de los Introvertidos en un Mundo Incapaz de Callarse*' cambió mi vida.

Así que, decidí escribir sobre mis propias experiencias de vida para otros introvertidos los cual ha resultado en la escritura de este libro.

Me considero un "Revolucionario Tranquilo".

Debo admitir que inicialmente gané mucho menos que en mi días en la firma legal per mi empleo me da un montón de satisfacción.

Soy un hombre feliz.

Sueño que la gente me amará por mis escritos.

Sueño que seré capaz de cambiar las vidas de la gente y tocar millones de corazones solo como los trabajos de otros autores me han cambiado a mí.

Creo que algún día seré millonario con un millón de seguidores.

No tengo problema en trabajar duro.

Siento que mi energía es ilimitada.

Mi profesión me alienta a utilizar efectivamente mis fortalezas de tiempo de silencio, preparación, escritura y considerado uso de las redes sociales.

Estoy fuera de mi zona de confort, sin embargo siento que pertenezco aquí.

Esto es a diferencia de mis días en la firma legar donde utilizaba utilizar mis fortalezas de escritura y preparación pero era evaluado solamente con base a las largas horas de trabajo y lo que otros pensaban de mí.

Bueno esos días se han ido.

El ave Fénix ha surgido de las cenizas de sus ancestros.

Ella es joven.

Ella es tranquila.

El ascenso fue sin truenos, relámpagos o terremotos.

Moraleja de la Historia

Es muy fácil atascarse con la pérdida de empleo. Sin embargo, siempre ve el lado positivo de esto.

No te aconsejo que te cruces de brazos.

Sigue aplicando a otros empleos mientras consideras que quieres realmente hacer de la vida.

Las respuestas no vendrán instantáneamente pero si lo hacen entonces será grandioso.

Haz una lista de tus pasatiempo y anota toso lo que venga a tu mente incluso si suena absurdo.

No dudes en aprender una nueva habilidad ya sea diseño web o rafting. Nunca se sabe en los podría convertirse tu nueva profesión.

Decide si quieres ser un empelado o convertirte en un empresario. Hay pros y contras en ambos.

Recomiendo ampliamente el libro de Joanna Penn *"Career Change: Stop hating your job, discover what you really to do with your life, and star doing it"*.

Lo más importante, ten fe en ti mismo.

Te deseo la mejor de las suertes

¡Un Enorme Gracias!

Muchas gracias por comprar mi libro.

Sé que podías haber elegido cualquier otro libro sobre esta tema pero le diste una oportunidad al mío.

Un enorme agradecimiento también por leerlo hasta el final.

Si te gustó este libro, te agradecería enormemente si pudieras hacerme un pequeño favor.

Tómate un momento para dejar tu reseña en el sitio web que lo compraste.

Tu retroalimentación es de inmenso valor para mí como autor. Tus sugerencias me ayudarán a escribir el tipo de libros que te gustan.

Libros del autor en la serie Fénix tranquilo

CELEBRANDO A LA GENTE RESERVADA: HISTORIAS INSPIRADORAS PARA PERSONAS INTROVERTIDAS Y ALTAMENTE SENSIBLES

FÉNIX TRANQUILO 2: DEL FRACASO AL ÉXITO (MEMORIAS DE UN NIÑO INTROVERTIDO)

CELEBRANDO A LOS LÍDERES RESERVADOS: HISTORIAS EDIFICANTES DE LÍDERES RESERVADOS QUE CAMBIARON LA HISTORIA

CELEBRANDO A LOS ARTISTAS RESERVADOS: HISTORIAS EMOCIONANTES QUE EL MUNDO NO PUEDE OLVIDAR

Libros del autor en la serie "Romance en India"

TUYO CON AUTISMO

CUANDO EL GANGES CONOCIÓ EL MAR DEL NORTE

AMOR LEGAL

Libros del autor en la serie " Auto-publicación sin gastar un céntimo"

CÓMO SER ESCRITOR EMPRENDEDOR SIN GAS-TAR UN CÉNTIMO

CÓMO TRADUCIR TUS LIBROS SIN GASTAR UN CÉNTIMO

CÓMO COMERCIALIZAR TUS LIBROS SIN GASTAR UN CÉNTIMO

Libros del autor en la serie Cocinando en un Periquete

RECETAS DE COCINA CASERA INDIA PARA HACER EN UN PERIQUETE

COCINA SALUDABLE EN UN PERIQUETE: UN MANUAL COMPLETO ANTI MODA, ANTI DIETA

LA GUÍA DEFINITIVA PARA COCINAR LEGUMBRES AL ESTILO INDIO

COMO APRENDER A COCINAR EN UN PERIQUETE INCLUSO SI JAMÁS HAS HERVIDO UN HUEVO

CÓMO ELABORAR UN MENÚ COMPLETO EN UN PERIQUETE

LA GUÍA DEFINITIVA PARA COCINAR POLLO AL ESTILO INDIO

LA GUÍA DEFINITIVA PARA COCINAR EL PESCADO AL ESTILO INDIO

Conecta Conmigo

SI TE GUSTÓ ESTE LIBRO y quieres saber más en cuanto a noticias de libros por venir, con descuento o gratuitos puedes comunicarte con el autor a la siguiente dirección de correo electrónico:

prasenjeet@publishwithprasen.com

Twitter[1]

Google Plus[2]

Goodreads[3]

Con el traductor:

aralan3@hotmail.com

---

1. https://twitter.com/PublishWithPras

2. https://www.google.com/+PrasenjeetKumarAuthor

3. https://www.goodreads.com/prasenjeet

Acerca del Autor

PRASENJEET KUMAR ES el autor de más de 14 libros en tres géneros: libros de cocina (Serie Cooking In A Jiffy), libros motivacionales para introvertidos (Serie Fénix Tranquilo) y libros sobre auto publicación (Serie Auto-Publicarse Sin Gastar Un Centavo). 8 de los cuales han sido también traducidos al Español, Portugués, Italiano y Alemán.

Prasenjeet es un graduado de Leyes de la University College London (2005-2008), London University y graduado con Honores en Filosofía del St. Stephen College (2002-2005), de la Universidad de Delhi. Además, tiene un Diploma en Práctica Legal del Colegio de Leyes de Bloomsbury, Londres.

Prasenjeet ama la comida gourmet, la música, las películas, el golf y viajar. Ya ha cubierto diecisiete países que incluyen Canadá, China, Dinamarca, Dubái, Alemania, Hong Kong, Indonesia, Macao, Malasia, Sarja, Suecia, Suecia, Tailandia, Turquía, Reino Unido, Uzbekistán y los Estados Unidos.

Prasenjeet es diseñador de autoaprendizaje, escritor y editor, así como orgulloso propietario del sitio web http://www.cookinginajiffy.com/ que ha dedicado a su madre y de http://www.publishwithprasen.com donde comparte consejos para publicar por uno mismo.